HENRY LANG

Petites erreurs, grand naufrage

Dessins de Gabs

Préface de Paul DUBRULE *et Gérard* PELISSON
Co-fondateurs du groupe ACCOR

Deuxième édition
Nouvelle présentation

Éditions d'Organisation

A Arthur,
Charles,
Inès,
Margaux,
Mathilde

pour qu'ils abordent le 3e millénaire
en gardant le bon cap.

Remerciements

Ils vont aux milliers de femmes et d'hommes
qui m'ont parlé de leurs vies.

Aux milliers d'écrivains que j'ai lus.

Aux dizaines de milliers de théoriciens que je n'ai
pas compris, et que je n'ai pas lus.
Ils m'ont fait gagner du temps.

Henry LANG

Sommaire

Henry LANG a dirigé la société BAC, spécialisée en conseil aux entreprises. Pionnier en matière de *media training*, il a fondé les séminaires de l'Université de la Parole, par lesquels ont été formés plus de 4 000 cadres supérieurs. Auteur de nombreuses conférences sur l'adaptation au changement sur le management des jeunes générations, il intervient dans les entreprises en réalisant des séminaires de cohérence d'équipes et d'actions.

PRÉFACE

La démarche qui consiste à analyser le drame du Titanic en mettant en évidence, les erreurs de « management », nous semble judicieuse. Car au-delà des plus belles technologies, nous connaissons cette vérité profonde : le plus gros pari, le plus gros investissement pour une entreprise, sont les hommes.

Henry Lang fait un parallèle qui invite à une réflexion. Le management obéit à des règles et quelle que soit l'aventure, elles doivent être respectées et non contournées.

Il est bon d'utiliser les leçons de l'histoire pour que ceux qui sont aux commandes agissent avec rigueur, en ayant le souci constant de l'anticipation et de la réussite vraie.

L'innovation est le moteur de la croissance et elle est un élément fondamental de notre culture. Mais nous avons toujours mis en parallèle l'homme, car c'est bien l'innovation qui doit servir l'homme.

Henry Lang démontre que sur le Titanic, armateur, commandant et officiers ont fait le contraire. Avec les conséquences que l'on connaît.

Puisse cette analyse conforter tous ceux qui sont dans le vrai, en privilégiant les forces humaines de l'entreprise.

Paul Dubrule — Gérard Pelisson

Co-fondateurs du Groupe ACCOR
Co-Présidents du Conseil de surveillance

Le rêve prémonitoire

La fin du dix-neuvième siècle et le début du vingtième sont empreints d'espérances folles et d'utopie. Le progrès n'a pas de limite, les conquêtes des hommes non plus. On ne doute de rien et l'on vit dans l'euphorie. Tout est à gagner.

On croit aux fortunes rapides et aux progrès des machines dont on connaît mal les effets. Tout devient or. Il suffit d'oser, d'entreprendre et de conquérir. Tout marche et tout s'achète. L'histoire nous dira que ce rêve éveillé s'est arrêté en 1914.

A regarder de plus près, la fin du rêve, comme la chronique de l'événement prémonitoire, a peut-être, été programmée, une nuit à 23 h 40, le 14 avril 1912. Dans l'euphorie de la course au prestige, le Titanic était le dernier né de la puissante compagnie maritime, la *White Star*. Il convenait d'être beau, grand et puissant, et de le faire savoir. Il mesurait donc 270 mètres de long et jaugeait 46 828 tonnes. Sa puissance totale en haute mer était de 45 000 chevaux.

Il possédait une installation télégraphique, qui à cette époque, était à l'avant garde des nouvelles technologies. Le système de navigation, compas et barre étaient considérés comme des plus performants, comparé aux autres navires, et notamment ceux de la concurrence. L'ennemi juré de la *White Star*, la compagnie Cunard, ne pouvait rivaliser avec cette technologie.

Le Titanic possédait, de plus, un appareil unique au monde de détection acoustique d'obstacles immergés. Il n'était pas rare en effet, dans l'Atlantique nord de rencontrer des bateaux désarmés qui étaient à demi immergés et qui ne coulaient pas, ou lentement car ils transportaient du bois. Ils représentaient un véritable danger, et bien des bateaux ont été détruits en les heurtant. Le Titanic, avec cet appareil, échappait à ce risque. Enfin toute la communication de la *White Star*, relayée par le commandant de bord et les officiers, auprès du public, avait porté sur la caractéristique d'insubmersibilité du bateau. L'image était répandue et affirmée « Le Titanic est insubmersible ».

Il était enfin d'un luxe jamais atteint. Décoration, service et qualité dépassaient de loin les plus beaux palaces du monde, et les plus beaux navires. Les salons pouvaient accueillir 2 435 passagers sur lesquels veillait un équipage de 885 hommes.

La nuit du drame a été largement décrite. Remettons-nous en mémoire l'essentiel : 2 198 vies humaines, 1 313 passagers et

885 hommes d'équipage sont à bord. Le bateau fait route au large de Terre-Neuve, en direction de New York, qu'il doit atteindre 3 jours plus tard. A 23 h 40, les deux veilleurs à la vigie dans la hune du grand mât, aperçoivent l'iceberg fatal.

La passerelle est prévenue. L'officier de quart Murdoch donne l'ordre de mettre « La barre à bâbord toute » et de « faire machine arrière toute ». Le Titanic évitera un choc frontal avec l'iceberg, mais le raclera par tribord. Le drame est engagé. L'eau s'engouffrera inexorablement par la déchirure créée par l'iceberg.

A 2 h 20 au matin, le Titanic brisé, disparaît dans l'océan et repose quelques instants plus tard par 4 000 m de fond. Sur les 2 198 passagers et hommes d'équipage, 711 seront sauvés et ce, dans des circonstances de désorganisation inadmissible. Le nombre exact de morts et disparus, 1 490 - 1 503 - 1 517, ne sera jamais officiellement connu.

Par l'ampleur de cette catastrophe, le Titanic entre dans la légende.

Légende noire des rêves brisés, légende noire des rêves démesurés. Mais à regarder finement le déroulement et les circonstances qui ont conduit à ce drame historique, l'on s'aperçoit qu'il n'y a pas eu de hasard, ni même de destin.

Rêve brisé, à cause d'erreurs répétées

Une analyse de la courte vie du Titanic : quatre jours et demi entre le départ de

Southampton et le drame, permet de détecter et d'examiner un certain nombre d'erreurs. Elles ont en commun les mêmes origines et les mêmes convergences : faute de commandement, manque d'anticipation, manque de réactivité.

Ces fautes commises, successivement, conjointement, ont entre elles une cause commune : la certitude pour tous les responsables que le Titanic était insubmersible.

Nous étions au début du siècle. Toute entreprise même en l'absence de cohérence réussissait. Les nouvelles technologies éblouissaient, l'industrie triomphait. L'orgueil de l'époque anéantissait bien des réflexions de prudence.

Un officier, averti dans la journée du dimanche 14 avril 1912 de la présence d'icebergs dans une zone parfaitement délimitée, avait tenu ce discours à d'autres officiers et marins : « Quels dangers peuvent faire courir quelques malheureux glaçons à notre magnifique navire insubmersible ? ». En quelque sorte, l'arrogance a conduit à l'aveuglement et les certitudes à une catastrophe sans précédent.

Depuis, l'émergence d'un marché mondial, les nouvelles technologies de communications avancées, les restructurations, les fusions, absorptions, les gains des uns, les pertes des autres, modifient notre angle de vision. Le détail peut être négligé parce que les certitudes ont pris le pas sur les convictions.

CHAPITRE I

La merveille des merveilles

Il y a plus à faire de la vie, que d'augmenter sa vitesse.

GANDHI

Une civilisation repose sur ce qui est exigé des hommes et non sur ce qui leur est fourni.

SAINT-EXUPÉRY

La merveille des merveilles

Bien avant que n'éclate la deuxième guerre mondiale, une autre lutte se mène en coulisse.

Du milieu du dix-neuvième siècle au début du vingtième, ce que l'on appelait « les vapeurs » par opposition à la voile, voient leur longueur multipliée par 2 voire par 3. Il convenait de répondre à une demande de plus en plus importante du trafic passagers. Les affaires se traitent à New York et les happy fews veulent vivre ce monde nouveau. Dans le même temps, les immigrants qu'ils soient Anglais, Allemands ou Irlandais, veulent gagner le nouveau monde pour y faire fortune.

Ainsi tout au début du vingtième siècle, l'Angleterre affirme sa domination en matière de transport maritime. C'était sans compter avec l'Allemagne qui, anticipant le marché fabuleux qui pouvait s'offrir à elle, met en service, des paquebots dont la dimension est supérieure aux navires anglais. « Une guerre de l'Atlantique est engagée entre les Anglais et les Allemands ». Etre plus grand, plus puissant, plus rapide et plus beau que les autres. S'emparer et dominer le marché.

La mise en service du Titanic donne un coup d'arrêt provisoire à cette guerre. – Les Anglais « prennent de la distance » et leur prédominance est affirmée. Le Titanic, reconnu comme la « merveille des merveilles » est à la hauteur de son image.

Ce contexte est intéressant à retracer, car il pèsera sur le destin tragique du Titanic. Tout se jouera au cours de la journée du dimanche 14 Avril.

Bruce Ismay, le Président de la *White Star* était à bord du Titanic pour cette croisière inaugurale. C'est une tradition pour les compagnies maritimes. Dès le départ du navire, il est partout. Il représente les couleurs de la *White Star*. Au milieu des personnalités, des premières classes, il joue « les mondanités ». Il est dans son rôle. Mais il le dépasse. Les officiers et les membres de l'équipage parleront lors de leurs témoignages « de harcèlements ». Il veut tout savoir sans toutefois régenter. Il sait que le seul maître à bord est le capitaine Smith.

Mais il est conscient que Smith est « son employé » et donc sous ses ordres. Il interroge sans cesse, sur la distance parcourue, sur la vitesse, sur la consommation de charbon. En fait, il possède déjà toutes ces informations, mais par ses interrogations, il les recoupe et valide leur véracité.

On sait que cinq messages ont été reçus à bord le 14 avril, signalant la présence d'icebergs, Bruce Ismay a eu connaissance de deux d'entre eux et il semble bien qu'il en ait gardé un dans sa poche jusqu'à la fin de la journée. Discutant de ces messages et de leurs éventuelles conséquences, avec le commandant de bord, il lui a tout au long de la journée, rappelé que bien évidemment le Commandant était le seul à avoir le pouvoir de prendre une décision, mais que dans le même temps, la *White Star* mettait un point d'honneur à voir le Titanic entrer à l'heure prévue dans le port de New York, le mercredi à 8 h du matin. Il lui précisa même que si par un heureux concours de circonstances (et sûrement de vitesse) le Titanic arrivait à New York la veille, la *White Star* bénéficierait de la presse du lendemain.

Ironie du sort. La *White Star* a bénéficié d'une presse sans aucune commune mesure avec celle qu'elle espérait. Mais ce n'était malheureusement pas celle qu'elle avait souhaitée.

Ainsi, sans prendre la responsabilité directe de négliger les messages d'avertissement, il incitait le Commandant de bord, pour des raisons de prestige à maintenir une vitesse élevée dans une zone truffée d'icebergs. Le Titanic par son gigantisme et son luxe avait affirmé la suprématie de la *White Star.* Par sa vitesse, il éliminait l'offre des concurrents dans la tête des clients. 1 500 morts pour le prestige, 1 500 morts pour l'orgueil.

Lors des derniers instants du Titanic, Bruce Ismay, a été conforme à l'image qu'il avait donnée lors des premiers jours de la traversée. Véritable mouche vibrillonante, il s'agite, donne ordre et contrordre, va d'un officier vers un marin, apostrophe et gesticule. Il se fera durement rabrouer par un officier : l'heure n'est plus à la prise en compte de la hiérarchie, mais à la survie. C'est avec la complicité d'un marin peu scrupuleux, qu'il embarquera sur un canot de sauvetage.

Il est vrai qu'il n'a pris la place de personne, le canot n'était pas complet... Il sera accusé d'avoir « acheté » le marin, mais cette accusation ne sera pas retenue. En revanche, les témoignages confirment qu'à bord du canot, il s'est opposé à ce que l'on porte secours à ceux qui se noyaient. Triste individu qui a montré en quelques heures son vrai visage.

Savoir stopper les machines à temps !

Il est heureux de constater que la très grande majorité des chefs d'entreprises ne sont pas Bruce Ismay. Ceux qui ont copié ses agissements sous une forme ou une autre ont été à un moment rattrapés par la justice, et ont payé au prix fort leurs méfaits. Mais il faut regarder de près l'entreprise dirigée « normalement », et savoir stopper les machines quand il le faut.

Il convient de s'interroger sur ce que l'on fait uniquement pour des raisons de prestige. Notamment de savoir si l'on ne recherche pas de temps à autre, la performance uniquement par souci du résultat directement mesurable ou de l'image que l'on veut donner. Est-ce que l'on ne tente pas également d'entreprendre d'autres étapes avant même d'avoir achevé les précédentes. On peut, ce faisant créer une voie d'eau, d'autant plus pernicieuse qu'on ne la verra pas, et que lorsque ses effets se feront sentir l'entreprise accusant une gîte de 5°, il sera trop tard.

L'idée est d'adopter des vitesses de développement conformes aux possibilités du moment, et non dictées par un hypothétique standing individuel ou collectif.

Il est vrai qu'il n'est pas toujours facile de vérifier qu'une décision, une stratégie, un comportement, une action, ne sont pas adoptés uniquement pour le prestige.

C'est notamment le cas quand il s'agit de servir ou d'améliorer l'image de marque. Il en est ainsi de certaines dépenses somptuaires, de frais de mission ou de représentation. Si on ne les avait pas engagés, est-ce que l'image en aurait souffert ?

Le prestige vrai réside dans la pérennité d'une entreprise, dans sa capacité réelle à faire face aux situations imposées, et à mobiliser en permanence ses ressources et ses richesses humaines.

Mimétisme

Manager, leader, chef, patron, toutes les définitions sont données jusqu'à créer la confusion. Elles suscitent des débats interminables entre intellectuels qui n'ont en commun que de ne jamais avoir dirigé, ou pris de véritables responsabilités. Simplifions donc, et revenons à des données basiques. Quel que soit le titre, nous appellerons l'homme qui dirige, responsable et ce, qu'il dirige 100 000 ou 10 personnes.

Nous emprunterons à la chaîne Sofitel, un extrait de son projet. Il définit ce qu'est un « manager décidé ».

« Il a la force de ses capacités et non de ses certitudes. Il écoute et entend. Il sait anticiper et improviser. Il connaît ses limites, est réaliste sur ce qu'il connaît et peut faire. Visant juste il mesure les risques. Il les prend et les assume. Il est capable de se projeter dans l'avenir. Il est présent, actif meneur, tout en sachant garder et maîtriser la distance nécessaire ».

Equilibré, exemplaire, vigilant, il a le sens de l'humilité, de l'équité, de l'ouverture, de la remise en cause, et de l'humour. Il est capable d'entraîner l'adhésion et l'enthousiasme, de se faire comprendre. Fiable, il suscite la confiance. Il est conscient de son rôle économique et social.

Portrait idéaliste, utopique ? Non, réaliste ! Ces hommes là existent, et dans l'ombre, sans médiatisation, exercent tous les jours de toute une vie, leurs responsabilités. Ces hommes ont des valeurs, des structures, des personnalités. Ils ont une autorité de compétence, nous en reparlerons. Ils ont un cursus professionnel qui est marqué par des différences. Ils ne sont pas forcément « x ponts mines », ou autodidactes.

Leurs différences viennent du fait qu'avant d'exercer des responsabilités, ils les ont acquises, ou gagnées durement, mais légitimement. Ils ont eu la chance, ou la détermination, d'être aux côtés d'autres responsables, qui ont exercé sur eux un transfert de valeurs. Ces hommes ont en commun de savoir reconnaître et gérer leurs erreurs. Leur action est guidée par la réussite de l'entreprise, mais pas à n'importe quel prix ; mais aussi par la réussite de ceux qui les entourent.

Dans les bouleversements, et peut-être dans la peur ou l'angoisse que vivent des millions d'hommes au début, des interrogations naissent. Mais aussi des convictions. Des « Bruce Ismay » ne doivent plus diriger les entreprises. La dure loi de l'argent et de la nécessaire rentabilité, ne doit pas empêcher ceux qui dirigent de respecter des valeurs, elles doivent même les y contraindre.

Des « Bruce Ismay », en cherchant bien, il y en a encore dans les entreprises. Il y en a peu, mais assez pour entraîner des pertes et des drames humains. Pour provoquer également des comportements anormaux lors des graves problèmes rencontrés dans les entreprises.

Curieusement au cours des enquêtes sur le drame du Titanic, il n'a pas été fait grand cas du comportement douteux de l'équipage.

Ils ont été 212 à être sauvés sur les 711 survivants : presque un quart. Il est vrai que face à la mort, le comportement des hommes n'est pas rationnel. Mais ils ont eu un exemple : leur patron en se sauvant furtivement sur un canot a donné un signal.

Ethique et déontologie, presque toutes les entreprises y consacrent un chapitre dans leur projet, dans leur vision, dans leur stratégie. L'éthique doit être vue sous l'angle de la morale, la déontologie comme un ensemble de règles et de devoirs qui régissent une profession, et ceux qui l'exercent.

Dans une tribune parue dans Le Figaro en Mai 98, Robert Papin, Directeur du département Entrepreneurs à HEC, a fait une mise au point excellente et remarquable sur l'éthique.

Il se refuse à limiter l'éthique au vol d'informations, aux « bakchichs » ou aux abus de bien sociaux. Il parle de l'éthique face aux employés que l'on ne peut traiter comme des pions sur un échiquier. « Nous côtoyons chaque jour des individus peu scrupuleux qui ont pourtant brillamment réussi ». « Espérant que, écrit-il, la concurrence acharnée que les hommes se livreront fera échouer beaucoup d'individus manquant de moralité ».

Il affirme avec force que la plupart des dirigeants peu scrupuleux connaîtront tôt ou tard la solitude puis l'échec.

Pensait-il à Bruce Ismay en écrivant ces lignes ?

Dirigeants et cadres, acharnez-vous à créer, et à imposer dans votre entreprise, des règles éthiques :

> des règles simples et claires ;

> énoncez des principes, même s'ils semblent désuets, mettez l'homme au centre de tout ;

> sanctionnez durement toutes les dérives constatées.

Le Docteur Jean Bru, président des laboratoires UPSA dont j'ai été un proche collaborateur durant les années 70, m'a confié un jour : « je n'ai dans la conduite des affaires du laboratoire, jamais rien fait qui puisse être en désaccord avec les règles éthiques ». UPSA est un succès mondial avec l'aspirine.

Au début des années 80, Paul Dubrule et Gérard Pelisson ont mis au point un petit livre bleu « Ethique et Management », un recueil de règles simples et dont l'efficacité a fait ses preuves au fil des ans. Le groupe Accor, est un modèle mondial.

Bruce Ismay ne devait avoir qu'une vague notion des règles éthiques. Il ne porte pas, bien sûr, toute la responsabilité du naufrage du Titanic. « *L'establishment* » l'a durement condamné, et malgré ses allégations il n'a pas réussi à effacer l'image qu'il avait révélée lors du drame.

Il s'était retiré dans une propriété en Irlande, coupé de tous, seul et retranché. Il mourra en 1937. Il n'a pas laissé d'écrits.

Dommage, ses réflexions « après coup » auraient pu enrichir les nôtres. En tous les cas, son histoire mérite réflexion.

LIVRE DE BORD

- ❒ Vérifiez que vos décisions, vos actions ne sont pas uniquement guidées par le prestige, par les honneurs !
- ❒ Donnez l'exemple. Vos collaborateurs vous observent et imitent vos comportements.
- ❒ Exigez de vous-même, et de tous vos collaborateurs, un respect absolu de l'éthique. Ne tolérez aucune dérive.
- ❒ Ecrivez pour votre entreprise des règles de déontologie spécifiques.

CHAPITRE II

Tout va bien !

Je crois d'un bon citoyen de préférer les paroles qui sauvent, à celles qui plaisent.

DÉMOSTHÈNE

Ne pas prévoir, c'est déjà gémir.

LÉONARD DE VINCI

A bord du Titanic

Le dimanche 14 avril, les opérateurs radios captèrent un message du Caronia qui signalait « la présence d'icebergs grands et petits ainsi que de la banquise par 42° nord et 49° et 51° ouest ».

Rappelons que le Caronia appartenait à la compagnie Cunard, concurrent direct de la *White Star*. Quel que soit le niveau concurrentiel, la tradition maritime veut que l'on transmette toutes les informations qui touchent de près ou de loin à la navigation et à la sécurité. Les officiers de pont n'accordèrent pas d'attention à cette information et pour cause : la glace est fréquente au large de Terre-Neuve. Par ailleurs, le ciel était magnifique et la visibilité excellente depuis le départ de Queenstown, les officiers imaginaient qu'ils repéreraient ainsi facilement le danger.

En fin de matinée, les mêmes radios captèrent également un message du bateau hollandais Nordam qui faisait état de « glaces » dans la zone traversée par le Caronia. Un troisième télégramme émanant de l'Amérika a été également reçu à bord et confirmait les précédents.

Durant la journée du 14 Avril, c'est au total cinq télégrammes qui ont été reçus à bord, identifiant et précisant la position des icebergs.

Cinq télégrammes reçus mais pas forcément transmis. Le troisième notamment, s'il est arrivé à bord, n'a pas été communiqué à la passerelle. Pour une raison simple, mais aux conséquences gravissimes.

L'on se souvient que c'était le début de la télégraphie sans fil, et il était chic pour les passagers du Titanic de télégraphier à leurs amis des nouvelles de leur voyage. Les deux opérateurs Philipps et Bride n'appartenaient pas à la *White Star*, mais avaient été mis à la disposition du Titanic par la compagnie Marconi. Ils travaillaient énormément et vraisemblablement au-delà des heures normales. Compte tenu du nombre élevé de télégrammes reçus ou échangés par les passagers, l'opérateur de garde a oublié de transmettre ce troisième télégramme à la passerelle.

Recevez-vous les bons messages ?

On ne prête guère d'attention ou d'importance à une information banalisée : être informé qu'il y a des icebergs dans un endroit où l'on sait qu'il doit y en avoir peut être décodé comme une information banale. Il y a donc lieu de former et d'entraîner ceux qui ont à décoder les informations, pour qu'ils perçoivent leur importance et leurs conséquences.

Interrogez-vous pour savoir si ceux qui vous entourent, et qui ont en charge le décodage et le tri des informations à vous transmettre ont reçu la formation nécessaire. Soyez vigilants, notamment face à l'habitude ou à la routine. Un trop grand nombre d'informations pollue l'ensemble des informations. Il conduit au survol : l'on passe à côté du détail qui forme l'essentiel.

Vos collaborateurs sont-ils surchargés ?

La surcharge de travail est une réalité dans l'entreprise, et il est confortable de ne pas la prendre en compte. Considérez que si vous confiez une tâche dont dépend la réussite d'un service ou d'un produit à un collaborateur surchargé, il y a de fortes probabilités qu'à un moment ou à un autre, il passe à côté de l'essentiel. Dans certains cas, les conséquences peuvent être irréversibles.

Ne sous-traitez pas l'essentiel

On peut évoquer également la sous-traitance exercée à l'intérieur, sur les lieux mêmes de l'entreprise.

C'était on le sait le cas de la société Marconi, et de ses opérateurs à l'intérieur du Titanic. Même s'ils ont été héroïques au cours du drame (seul Bride survivra), la non transmission du troisième message déterminant, est une des causes majeures du naufrage.

En règle générale, les sociétés qui détachent des techniciens dans les entreprises, envoient des hommes compétents qui ont fait leurs preuves et qui sont autonomes. Mais il faut être très vigilants et leur management doit faire l'objet d'une attention particulière. Ils peuvent passer de l'autonomie à l'indépendance.

Sur le Titanic Philipps et Bride, étaient-ils managés selon les mêmes normes que l'équipage ?

Nous n'avons pas de réponse, mais la question reste posée. En ce cas, le management est différent, et la différence peut conduire à des pratiques qui ne sont pas aux normes de la société. Par ailleurs une histoire sordide a couru sur les agissements du seul opérateur survivant Bride, recueilli par le Carpathia. Il aurait avec l'opérateur du Carpathia, vendu à prix d'or aux journalistes, et à son arrivée à New York, des informations concernant le drame. La société Marconi acceptait, sans l'écrire, cette pratique qui était devenue une coutume.

On doit se poser la question. Si cet opérateur avait été membre de l'équipage du Titanic, est ce qu'il n'aurait pas exercé de lui-même, un devoir de réserve ?

Ne succombez pas au syndrome du tout va bien !

Il est important de souligner que l'analyse de cette phase du drame du Titanic, doit être replacée dans le contexte de l'époque.

Nous sommes en 1912, les communications radio n'avaient aucune commune mesure avec celles de la fin du 21e siècle. Si le drame avait eu lieu à l'heure actuelle on peut aisément imaginer qu'en moins de deux à trois heures le monde aurait été informé de la réalité et de l'ampleur de la catastrophe.

Il semble selon les experts que le Vice Président de la *White Star* ait eu les premières informations concernant un « accident » du Titanic vers quatre heures du matin, et ce par le bureau de l'Associated Press de New York.

Les informations étaient parcellaires : « le Titanic a envoyé des signaux de détresse. Il coule par l'avant. Les femmes et les enfants sont embarqués dans les canots de sauvetage ». Il y a eu une énorme pression dès le lundi matin 15 avril au siège de la *White Star* à Londres. Parents, amis, journalistes veulent savoir. Franklin, le Vice Président de la *White Star* n'a aucune information tangible si ce n'est que le Titanic a heurté un iceberg. Au début de la matinée, il se lance dans une série de déclarations lénifiantes, tendant à rassurer et sûrement à gagner du temps. « Le Titanic ne peut pas couler, le bateau est insubmersible, et les passagers ne risquent rien ». « Il n'est pas pensable que le Titanic ait pu avoir un accident sans que nous ayons été prévenus. Dimanche, il a donné sa position. Tout allait bien. Nous sommes certains que le bateau ne peut pas couler, il n'y a aucun risque pour les passagers ». Tout au long de la matinée Franklin reçoit des informations par téléscripteur, qui d'une manière générale, le confortent dans le fait que rien d'irréversible n'a pu se produire.

Rappelons également que dans ces instants là, le Vice Président de la *White Star* était également convaincu de l'insubmersibilité du Titanic.

Il continue donc à diffuser des messages « sans vérité ». « Nous répétons notre conviction : le bateau est insubmersible, on dit que le bâtiment s'est enfoncé mais il continue à flotter ». En revanche dans le courant de l'après-midi, il acquiert à l'évidence, la certitude que le drame est joué, le bateau est perdu. A 19 h, soit 16 h 30 après la collision fatale, il convoque la Presse et déclare solennellement « Messieurs, j'ai le regret de vous annoncer que le Titanic a coulé à 2 h 20 ce matin ». Mais on ne parle toujours pas du nombre de morts. Franklin s'expliquera plus tard : « Le nombre de morts, je ne pouvais le connaître, que par déduction du nombre de rescapés ». « De plus, je n'ai pas eu à en parler parce que personne ne m'a posé la question. En effet, dès ma première phrase prononcée, les journalistes ont bondi à l'extérieur pour être les premiers à apporter la nouvelle à leur rédaction ! ».

Vitesse et... légèreté de l'information. Ceci fait que le jeudi 18 avril en fin de soirée, lorsque le Carpathia arrive à New York avec 711 passagers survivants, la presse et le monde se déchaîneront contre les responsables de la *White Star*.

Ils avaient inventé sans le savoir, la désinformation. Ils n'en connaissaient pas les conséquences, mais elles pèseront lourd et longtemps sur l'image de marque de la *White Star*.

En l'absence d'informations précises (un bateau qui coule ne laisse pas de traces, il n'y a que les survivants et les morts qui flottent) ils étaient tombés dans le piège du syndrome « du tout va bien ! » on ne sait pas – alors on rassure – parce que l'on est sûr que ce n'est pas possible ! En tous les cas, on veut le croire.

Adoptez les bonnes attitudes face à une communication de crise

Une communication de crise s'anticipe et se prépare. Répertoriez toutes les hypothèses de crises possibles pour votre entreprise. N'éliminez aucune hypothèse par confort personnel : c'est celle-là qui arrivera, ainsi que celle que n'avez pas prévue.

Une cellule de crise doit être constituée, et doit être placée sous la coordination du seul responsable de l'entreprise.

Un seul membre de la cellule communique avec la presse et les médias. Aucune autre personne ne doit s'en charger. Attention aux « caméras magiques sur le trottoir » c'est ce mot, cette phrase incontrôlée, qui met le feu aux poudres.

Tôt ou tard, la vérité de l'information apparaîtra. Ou vous la connaissez ou vous ne la connaissez pas ! Si vous la connaissez et si vous ne voulez pas l'exprimer trop vite pour des raisons de stratégie, faites en sorte que vos déclarations partielles soient en harmonie avec le tableau final.

Si vous ne la connaissez pas, dîtes-le simplement.

Communiquez sur les lieux mêmes de votre entreprise, sur votre territoire. Vous maîtriserez mieux votre communication. Attention aux interviews télé en studio. Vous n'avez plus les mêmes repères que chez vous. Ces interviews qui sont très relayées, doivent être préparées avec un spécialiste. Ce que la télé exprimera sera considéré comme vérité par le public.

Soyez vigilants sur les informations relayées par la presse. Ne les relayez pas vous-même, ne rebondissez pas, sauf sur celles qui accréditent votre thèse ou votre stratégie.

Ne tentez pas de fuir vos responsabilités. Faites face et donnez le ton dans votre entreprise. Si vous avez créé de vraies valeurs, votre équipe soudée, suivra et fera front avec vous. Dialoguez avec vos collaborateurs, ils seront vos supporters.

Méfiez-vous de la pression... ne vous laissez pas dominer par elle. Dormez bien la nuit, et prenez de la « distance » par rapport à l'événement.

LIVRE DE BORD

- ❒ Un message transmis n'a de valeur que s'il a été reçu et décodé, compris et accepté !
- ❒ Prenez en compte qu'un homme surchargé, peut passer à côté de l'essentiel.
- ❒ Considérez que les hommes qui sont détachés par un sous-traitant dans votre entreprise, doivent être managés selon les règles de votre entreprise.
- ❒ N'attendez pas qu'une crise éclate pour apprendre à communiquer. Anticipez-la et entraînez-vous.

CHAPITRE III

Ceux qui vous entourent...

Ce n'est point la place qui fait la vraie grandeur.
Celui qui a la première place joue rarement le premier rôle.
Combien de rois sont conduits par leurs ministres,
et combien de ministres guidés par leurs secrétaires.

GOETHE

L'ÉQUIPE DU TITANIC

LE CAPITAINE SMITH a 62 ans. Il accomplit sa dernière traversée lors de ce voyage inaugural. La *White Star* lui a fait cet honneur avant qu'il prenne sa retraite : piloter le plus beau navire du monde. (voir le détail de son expérience au chapitre V).

Son image est excellente, surtout auprès de la clientèle et des passagers. La *White Star* a longuement communiqué sur ses qualités exceptionnelles de capitaine. Comme tout commandant de bord, il remplit auprès des passagers sa part de « mondanités ». Sa réputation est telle, que depuis des années les passagers ne font pas le choix de leurs croisières, en fonction, du lieu, de la destination, ou du bateau mais sur le critère de la présence à bord de Smith. Sur son seul nom, il remplit les navires qu'il pilote. Cela n'a toutefois pas été vrai pour cette dernière traversée.

On sait que seulement 1 313 passagers étaient embarqués, or le Titanic pouvait en accueillir 2 435. Objectif de commercialisation non atteint : 1 122 places non occupées.

Son autorité n'était pas remise en cause, mais c'est là également une tradition dans la marine, le capitaine est le patron : on ne le discute pas. Mais être considéré comme un patron est une chose, affirmer sa véritable autorité dans une période difficile, en est une autre.

L'harmonie entre les officiers n'était pas au beau fixe. Plusieurs officiers avaient embarqué à bord avec une fonction qui ne correspondait pas à celle qu'on leur avait promise. Les titres et les fonctions avaient été négociés avec les officiers et marins au siège de la *White Star* à Londres. Arrivés à bord, ils étaient confirmés ou invalidés par le capitaine en fonction de l'organisation. Avec en toile de fond l'argument : vous avez le privilège d'être sur le plus beau navire du monde ! Wilde, le second, était venu à bord du Titanic, sans grande conviction. Murdoch, premier lieutenant, avait espéré la place de Wilde et Lightoller, deuxième officier, espérait être le premier.

Force est de constater que pour ces trois officiers constituant le directoire autour du commandant, le premier manquait d'enthousiasme, les deux autres espéraient la fonction au-dessus !

Cette absence de cohésion de l'équipe dirigeante allait avoir des répercussions.

Si devant les passagers, le service était à la mesure du luxe et du prestige du navire, il n'en était pas de même dans les coursives. L'absence d'esprit de corps permettait des actions coupables. Deux faits gravissimes méritent d'être relatés :

> Dans les chaudières, les chauffeurs doivent enfourner six à sept tonnes de charbon en moyenne par jour. Cet emploi, à haut risque, le coup de chaleur entraînant souvent la mort, est occupé par des hommes extrêmement frustes et souvent brutaux, mais courageux.

Lorsque des conflits graves interviennent entre eux et des officiers mécaniciens, ils se règlent à coups de pelle derrière la nuque. Dans les cas extrêmes, il est arrivé qu'on les fasse disparaître, dans un foyer chauffé à blanc.

> Lors de l'évacuation du bateau, de jeunes marins affectés au service de la restauration, qui avaient compris l'imminence du danger, tentèrent d'embarquer à bord des canots. Smith échangea la vie de trois marins « musclés », sous réserve qu'ils conduisent les jeunes au septième pont, et les y enferme.

Deux commis ont échappé à la mort. Ils avaient eu le temps d'enlever leurs vestes blanches, qui les désignaient à un sort tragique, en enfilant un pull-over récupéré sur des passagers. Quatre-vingt-dix-huit gamins périrent ainsi.

Ces deux faits évidemment d'une gravité exceptionnelle, voire inédite dans les entreprises du vingtième siècle, caractérisent le climat régnant à bord.

Une équipe se constitue selon des règles et en fonction de certains principes. Il est évident qu'il faut réussir la sélection et le recrutement, nous traiterons de cet aspect au chapitre V. Mais au-delà, il convient de veiller à ce que chacun puisse s'intégrer dans une équipe, et composer avec les autres. Il convient de valider que les hommes s'enrichiront entre eux grâce à des confrontations positives.

Que penser de l'ambition comme facteur clé de la réussite ? Certes, elle est un moteur, mais elle doit être gérée. Une équipe composée majoritairement de « dynamiques ambitieux » est une équipe de mercenaires et risque de se négativiser. Respect des méthodes, de l'éthique et de la déontologie deviendront aléatoires.

La *White Star* avait prélevé, sur ses autres navires, les officiers qui étaient considérés comme les meilleurs.

A-t-elle réfléchi au schéma de leurs ententes, aux caractéristiques de leur travail en équipe ? on peut en douter, à voir le résultat...

Les hommes ont des attentes : répondez-y

Les hommes et les femmes ont, dans l'entreprise, les mêmes attentes que celles qu'ils ont dans leur vie privée ; et les mêmes attentes que vous avez envers ceux qui vous dirigent.

Nous en avons repéré cinq, et il conviendrait d'examiner comment elles sont satisfaites dans l'entreprise. C'est de la responsabilité du chef d'entreprise. Les hommes qu'il a nommés aux commandes, doivent respecter ces règles. La voie hiérarchique n'existe que chez les fonctionnaires ou dans l'armée. Les chefs d'entreprise doivent pratiquer la politique de l'hélicoptère. Ils doivent en transgressant tous les niveaux, descendre à la verticale, à même le terrain, pour vérifier la satisfaction de ces attentes, l'application des règles édictées. Il faut le faire avec objectivité, mais aussi détermination.

En ce sens, ils ne doivent pas se réfugier derrière les entretiens d'évaluation, et en les contresignant. Il faut admettre que ces entretiens ne reflètent pas toujours l'exacte vérité. Il faut avoir du courage pour accepter de s'entendre dire que l'on n'est pas un bon manager. Et il faut avoir de l'audace, et parfois une bonne dose d'inconscience pour dire à son chef qu'il n'est pas bon.

Examinons ce qu'attendent les collaborateurs.

La sécurité

Les hommes et les femmes, veulent se sentir en sécurité dans l'entreprise. Cela ne veut pas dire qu'ils veulent être protégés, couvés ou maternés. Au quotidien, ils veulent être sûrs qu'ils ne seront pas dirigés ou sanctionnés subjectivement. Ils veulent avoir la certitude que management et gestion ne conduiront pas l'entreprise à la dérive. Les collaborateurs sont fragilisés quand le management est hasardeux, anarchique ou arbitraire. Ces impressions reposent parfois sur une certaine subjectivité, mais lorsque l'on fait une analyse fine, au-delà des intuitions, il y a des fonds de vérités : le management est flou, et les comportements s'adaptent.

Quand l'insécurité s'installe à bord d'une entreprise, elle entraîne généralement deux conséquences :

> si le marché du travail le permet, les meilleurs, les plus compétents et les plus audacieux quittent l'entreprise et vont exercer leurs talents ailleurs, souvent à la concurrence. L'entreprise perd ses intelligences et ses moteurs dynamiques.

> les autres, ceux que personne n'appelle à l'extérieur, parce que leur professionnalisme est incertain, s'installent dans une situation de conformisme. Par peur d'être « sortis », ils se taisent et exécutent sans conviction les ordres du chef. Ils se comportent comme des caméléons, adoptant la couleur du moment... Ils exécutent les ordres même s'ils perçoivent qu'ils sont absurdes et qu'ils desservent les intérêts de l'entreprise.

Vous perdez ainsi les meilleurs et vous entretenez des équipes qui justifient à chaque instant leur importance en se rendant indispensables, mais en fabriquant « du vent ». En cas de heurt avec un iceberg, isolez-les ; ils accéléreraient en toute bonne foi le naufrage !

Sur le Titanic, il n'est pas certain qu'il y ait eu une réponse positive à cette attente.

Le respect et la considération

Etre respecté, pour ce que l'on est, être considéré pour ce que l'on fait. Ce sont des attentes fondamentales de l'être humain.

Si la considération entraîne le respect, le respect lorsqu'il est basé sur la force ou la menace, ne suscite pas la considération, mais la soumission temporaire et sûrement un jour la vengeance. C'est ainsi que naissent bien des conflits dans l'entreprise. Ils sont issus d'un manquement au niveau de cette attente. Selon l'assertion « les honneurs blessés sont infiniment plus graves que les intérêts lésés » les chefs d'entreprises doivent veiller au potentiel de « respect et de considération » que portent les cadres en eux-mêmes, et qu'ils exercent sur leurs collaborateurs.

Respect et considération, impliquent de reconnaître les compétences, d'applaudir les succès, de sanctionner les dérives.

C'est parler un langage clair, concis, concret, dénué de toute ambiguïté et aisément décodable par les collaborateurs. C'est reconnaître les victoires des collaborateurs, les partager, sans se les approprier.

A bord du Titanic, respect et considération n'étaient valables que pour les passagers. Pas forcément pour le personnel.

L'information

Les collaborateurs dans l'entreprise, veulent savoir simplement où ils vont, par quel chemin ils passeront, à quelle heure ils arriveront...

Nous avons déjà évoqué (voir chapitre II), les conséquences de l'information non transmise ou non exploitée. Mais il y a le quotidien : l'information est un besoin, elle est nécessaire à l'entreprise comme l'oxygène pour le corps humain. Si nous en manquons, notre vie est en danger, et nous en arrivons à respirer n'importe quoi, venant de n'importe qui.

Si vous n'organisez pas l'information dans l'entreprise, d'autres s'en chargeront pour vous mais dans leur intérêt et à leur profit. Il y a évidemment la stratégie des syndicats – informations – désinformations mais ils tiennent souvent leurs forces de la faiblesse ou de l'incompétence de ceux qui doivent informer. Considérez que l'habileté des syndicats à diffuser l'information à leur profit présente un aspect positif : elle oblige les directions à réagir. Mais attention, en état de réaction, on est plus faible et l'on subit les événements. Seul l'action permet le contrôle total de la manœuvre, le contrôle total de l'information.

Véritables virus dont on connaît pourtant une partie du traitement, les rumeurs détériorent le climat de l'entreprise, elles affaiblissent les responsables et créent des comportements aberrants.

Et leurs conséquences sont toujours destructrices.

Des lois régissent les rumeurs. Analysons-les pour mieux les combattre.

Les rumeurs naissent toujours sur un fond endémique d'inquiétude et d'insécurité. Personne n'est sûr de l'avenir, surtout à la fin de ce siècle. L'insécurité est présente partout : toutes les informations qui l'accréditent sont crédibles.

Les rumeurs, enflent se propagent et se transmettent toujours dans un sens négatif et dramatique qui engendre la peur. On conforte en quelque sorte le sentiment d'inquiétude. En fait, les rumeurs partent toujours sur un fond de crédibilité mais jamais dans un sens positif ou d'espérance. La rumeur qui consisterait à faire savoir que tel patron venant de gagner un lot important au loto, s'apprêterait à le partager entre ses collaborateurs, n'a aucune chance d'être propagée. En revanche, celle qui consiste à diffuser qu'un plan social se prépare, parce qu'on a su qu'une réunion confidentielle s'est tenue sans que l'on en connaisse le motif, a toutes les chances d'être propagée, enflée, déformée. D'autant que l'on a « vu la tête des participants à la sortie ! ». Vous aurez, peut-être même connaissance des noms figurant sur le plan.

Les effets de la contre-offensive face à la rumeur, sont toujours incertains et parfois même pervers.

Pour des raisons simples, on admet généralement que sur une population atteinte par une rumeur, la moitié est persuadée du bien-fondé du bruit qui court. Lorsque vous communiquerez une information, cette moitié ne l'entendra pas.

Il vous reste encore normalement 50 % du personnel sur lesquels vous pensez agir. Pour une moitié de ces 50 %, le démenti sera perçu comme une information : « il y a bien quelque chose qui se prépare ! ». En fin de compte, il ne vous reste que 25 % de votre population sur lesquels vous pourrez travailler, en déployant une énergie considérable.

Ce tableau qui peut paraître pessimiste, reflète malheureusement la réalité. Une rumeur laisse toujours des traces.

Voici des conseils pour les dirigeants :

– en informant, en communiquant clairement vous n'empêcherez pas forcément toutes les rumeurs, mais vous en diminuerez considérablement les risques ;

– entendez les « bruits », ne les écoutez pas. Ecouter une rumeur, c'est lui donner un visa que vous accréditez dans l'esprit de celui qui vous l'a transmise ;

– réagissez immédiatement dès que vous avez connaissance d'une rumeur. A défaut de l'enrayer définitivement, vous l'affaiblirez dans l'esprit des relayeurs ;

– enfin, tirez parti du phénomène « rumeur » dans votre entreprise ou dans votre département. Considérez les rumeurs comme des signaux. Ils avertissent que le climat n'est pas sain, que les collaborateurs ne jouent pas leur rôle ou le jouent mal.

De toute évidence, l'abondance de rumeurs signe une insécurité réelle et une absence de management, voire un manque de confiance dans les managers.

Justice et Equité

Il s'agit de la justice exercée comme une valeur morale qui conduit à respecter les autres, et de l'équité qui, indépendamment du droit, porte en elle, l'impartialité. Justice et équité sont de fortes attentes des hommes dans l'entreprise. Les dirigeants doivent en prendre la responsabilité, et exercer un contrôle permanent sur les collaborateurs pour s'assurer qu'elles existent. Les failles sont génératrices de dysfonctionnement. Les valeurs sont faussées, les références aussi. On adapte son comportement, en fonction des critères plus ou moins élastiques adoptés par l'encadrement. Ce ne sont plus la compétence ou le professionnalisme qui sont la règle, c'est le comportement de chacun qui s'adapte en fonction des jugements des responsables.

Etre juste et équitable, suppose des qualités de chef : impartialité et justice, évaluation des faits, des comportements, des actions. Cela exclut toute forme d'affectivité, de préférence, ou de rejet.

Dans chaque dirigeant, chaque responsable, il y a l'homme avec ses forces, ses faiblesses, ses croyances et ses certitudes. Les jugements portés sur les autres peuvent ainsi être faussés. Vigilance !

Etre responsable suppose de se débarrasser des *a priori*, des idées préconçues, des jugements à l'emporte-pièce. Les appréciations, les évaluations sur ses collaborateurs, son équipe doivent prendre en compte tous les paramètres et réduire voire supprimer la place faite « à la seule impression ».

Faire la différence entre l'erreur et la faute !

Paradoxalement, la confusion règne dans l'entreprise sur ces mots. L'un est souvent employé à la place de l'autre. Faisons le point.

> Le collaborateur qui commet une erreur est dans « le jeu ». Il fait, mais mal. Le devoir du responsable est de faire un *debriefing* afin de rectifier la dérive. Les causes d'erreur sont multiples : manque de formation, manque de qualification, manque d'expérience. L'erreur doit alors être positivée. Cette analyse positive permettra de prendre les mesures pour qu'elle ne se reproduise pas.

> Les responsables parlent fréquemment du droit à l'erreur. Ils doivent donc l'appliquer !

La faute, en revanche, se situe toujours par rapport à un règlement écrit ou non, par rapport à des obligations que les collaborateurs se sont engagés à respecter. On savait ce que l'on devait faire, ce que l'on ne devait pas transgresser et l'on est passé outre. La faute doit donc être sanctionnée de façon juste et équitable.

L'erreur est technique : les responsables seront donc généreux et positifs devant elle. La faute est comportementale : les responsables seront intransigeants et sanctionneront.

Le schéma que nous avons décrit sur l'erreur et la faute concerne les collaborateurs, et ceux qui exécutent. Pour ce qui concerne les dirigeants, notre angle de vision doit être plus précis. A un haut niveau de responsabilité, l'erreur n'est plus permise et doit être considérée comme une faute qui sera sanctionnée. L'erreur de gestion, peut conduire au dépôt de bilan, à des licenciements. Il n'est pas aisé de « debriefer »...

Enfin trop d'erreurs dans un service, ou trop de fautes doivent alerter les directions générales ou les ressources humaines : le management doit s'interroger sur son mode de fonctionnement. Et le réviser.

L'autorité de compétence

L'autorité de compétence permet aux responsables d'asseoir leur autorité, non pas sur le seul pouvoir hiérarchique, mais sur la reconnaissance par leurs collaborateurs de leur savoir-faire et de leur connaissance du métier.

Si les collaborateurs savent que leur responsable sait faire et sait faire faire, il ne sera pas discuté. Les difficultés seront aplanies et surmontées parce que l'on a reconnu au chef son autorité de compétence. Un chef nommé, n'est pas forcément un chef élu. Il existe quelque part un processus d'élection du chef. Si l'on peut isoler les critères d'éligibilité, on ne connaît pas le processus du scrutin. Le critère du temps est sans doute important.

Il faut donner du temps pour imposer la reconnaissance de ses qualités. En la matière, le temps ne respecte pas ce que l'on fait sans lui. C'est le temps qui va permettre au chef de mettre en évidence que ses actes ou ses réponses aux situations qui lui sont imposées étaient les bonnes. Il faudra du temps pour que les collaborateurs le comprennent, l'assimilent, le valident et élisent le chef.

Si l'on admet que ce processus d'élection n'est pas une fiction, chaque dirigeant devrait une fois par an, imaginer que son mandat prend fin, comme pour un maire, un député, un Président de la République. Il doit alors se représenter devant ses collaborateurs devenus électeurs. Quelle campagne électorale devrait-il faire ?

Quelles promesses devrait-il faire ? Quels seraient ses arguments lors d'un grand débat, 48 heures avant l'élection ? Que chaque dirigeant lisant ces lignes, analyse son propre cas. Seriez-vous battu au premier tour ou en ballottage favorable ou défavorable. Et pour augmenter vos chances d'être élu au second tour, ne seriez-vous pas obligé d'annoncer des mesures que vous ne pourriez assumer, lors de votre prise de fonction !

L'autorité de compétence ne se décrète pas. Elle s'impose naturellement en répondant aux attentes énumérées. Et ce sont les collaborateurs qui la valident et vous la confèrent.

Les responsables qui ont une véritable autorité de compétence, savent déléguer

Déléguer c'est reconnaître la compétence de ses collaborateurs, pour accomplir une partie de sa mission. Cette reconnaissance renforce l'autonomie des collaborateurs. La délégation est un processus qui doit émaner d'une démarche positive. Elle s'inscrit dans une action de développement et de formation du collaborateur concerné.

Le processus doit être rigoureux. Les zones de délégation doivent être clairement identifiées et définies. Objectifs et moyens doivent être en harmonie avec la mission. Le contrôle doit s'effectuer selon des normes établies.

Dirigeants, vérifiez que vos cadres ne pratiquent pas « la délégation abandon ».

Globalement on peut admettre que l'exercice de la fonction d'un responsable peut être schématisée par un rectangle composé de 3 zones. (Figure 1)

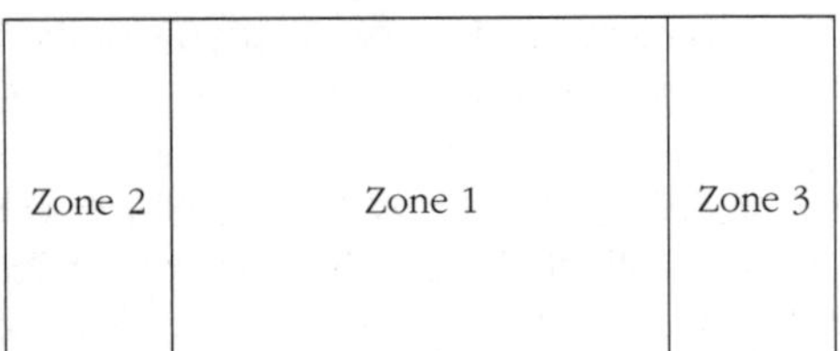

Figure 3.1. Les trois zones de fonction d'un responsable.

La zone 1 est la partie de la mission qu'il domine le mieux, et dans laquelle il s'exprime. Elle lui assure la reconnaissance de son professionnalisme. Il y prend du plaisir. Il sait faire.

La zone 2 est celle qu'il ne peut pas accomplir, faute de temps. Faute d'organisation aussi. Faute d'intérêt sans doute. Il sait faire, mais il n'a pas le temps de faire.

La zone 3 est celle pour laquelle ses études, sa formation, son expérience ne l'ont pas préparé. Il ne sait pas faire.

Quand certains cadres affirment qu'ils délèguent ; une analyse fine de ce qu'ils délèguent, démontre en réalité qu'ils délèguent la zone 2 et la zone 3. Dès lors, ils pratiquent une forme de délégation abandon. Ils abandonnent, en fait, à leurs collaborateurs ce qu'ils n'ont pas le temps de faire, où ce qu'ils ne savent pas faire. Ce n'est ni valorisant, ni formateur pour les collaborateurs. Il leur manque des repères, et les évaluations sur les critères de performance ou de réussite sont aléatoires.

Ces cadres doivent adopter une autre démarche, celle de donner à leurs collaborateurs une partie de la zone 1.

Dès lors, ce cadre peut affecter la partie laissée vide de la zone 1, à faire ce qu'il n'a pas le temps de faire, et à apprendre ce qu'il ne sait pas faire.

Déléguer est une démarche fondamentale de ceux qui ont à préparer leurs remplaçants, à transmettre le savoir pour assurer la pérennité de la mission. Il ne s'agit pas dans cette démarche de « faire à la place de... » mais bien de réaliser une partie de la mission de son supérieur.

C'est par la délégation que les collaborateurs apprennent à exercer la mission de leur responsable hiérarchique.

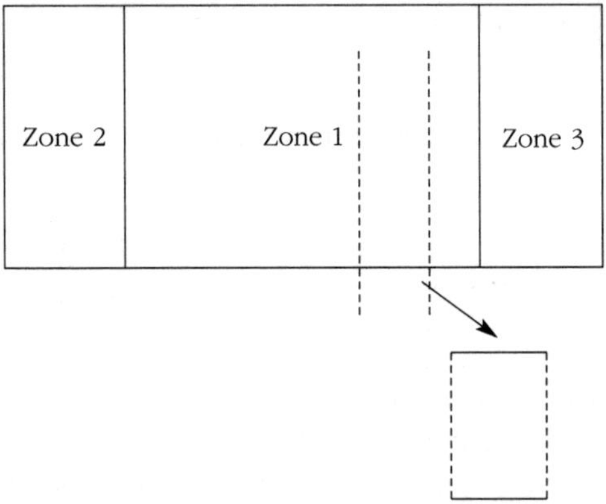

Figure 3.2. Les zones à déléguer.

Mais certains cadres sont prudents. Ils gardent jalousement la partie de leur travail qui les rend indispensables... pour ne pas être remplacés ! Erreur. Tôt ou tard, chacun sera remplacé. Pratiquer la délégation abandon bloque des avancements et des promotions. Notamment de ceux qui l'exercent.

LIVRE DE BORD

- ❒ Soyez convaincus que l'entreprise est constituée d'une série d'équipes. Ce sont les équipes soudées et efficaces qui font gagner l'entreprise.
- ❒ Répondez favorablement aux attentes des hommes :
  - > sécurité,
  - > respect et considération,
  - > information,
  - > justice et équité,
  - > autorité de compétence.
- ❒ Traitez les rumeurs comme un fléau, et non une anecdote.
- ❒ Ne sanctionnez pas l'erreur comme la faute ! Faites la différence.
- ❒ Soyez vigilants sur l'abandon déguisé en délégation.

CHAPITRE IV

Ne négligez ni les moyens, ni la formation

Dans la vie il n'y a pas de solutions,
il y a des forces en marche ;
il faut les créer et les solutions suivent.

SAINT-EXUPÉRY

Les moyens à bord du Titanic

Revenons à bord du Titanic dans la nuit du 14 au 15 Avril 1912. Malgré les transmissions aléatoires des messages reçus à bord, signalant dans des zones parfaitement identifiées, la présence d'icebergs, Murdoch respecte les consignes de la navigation de nuit, mais ne réduit pas la vitesse.

On se souvient que cette nuit était noire, sans vent et sans houle. Les lumières ont été éteintes à l'avant du Titanic afin que la visibilité soit optimum. Fleet et Lee sont en poste dans la hune du grand mât, à 30 mètres de haut. Ils surveillent des yeux pour tenter d'apercevoir « la petite glace ». Des yeux seulement.

L'équipe des vigies était composée de six hommes qui se relayaient toutes les deux heures. Ils travaillaient dans des conditions difficiles, notamment en raison du froid. La température était négative ce soir là. Depuis le départ, ils avaient demandé aux officiers de sécurité de leur fournir des jumelles. Leur demande n'a pas été satisfaite, mais on leur en a donné les raisons.

Les jumelles étaient introuvables à bord. Elles avaient été mal rangées au départ du Titanic, à Southampton. Devant leur insistance, un officier plus expéditif, leur a rappelé « que les jumelles étaient réservées aux officiers et pas aux hommes de pont... »

Malgré tout, le *Board of Trade* et le Tribunal des naufrages, ont reconnu que les vigies avaient agi en vrais professionnels. Il s'est écoulé dix secondes entre le moment où ils ont aperçu l'iceberg et le moment où ils l'ont signalé. Trois coups de cloche, ce qui correspondait à la vision d'un obstacle à l'avant du bateau. Un coup de cloche, si l'obstacle se présente à bâbord, deux coups s'il se présente à tribord. Simultanément, ils ont confirmé par téléphone, la nature de l'obstacle et sa position. On se souvient du fameux « Iceberg droit devant ! ».

L'histoire ne dit pas ce qui se serait passé si les vigies avaient eu des jumelles. Dans tous les cas, nous pouvons supposer que l'iceberg aurait été détecté suffisamment à temps pour que la manœuvre d'évitement soit réussie. Le drame du Titanic, n'aurait été, dès lors, qu'un incident de parcours...

Il y avait, à bord du Titanic, seize canots de sauvetage qui pouvaient accueillir réglementairement soixante-cinq passagers chacun. Les canots étaient numérotés de un à seize. Les numéros pairs étaient à bâbord, les numéros impairs à tribord. Il y avait de plus, quatre autres canots identifiés par les lettres A, B, C et D.

En admettant que chaque canot soit utilisé au mieux de sa capacité, on pouvait assurer la survie de 1 040 personnes. Rappelons que le Titanic pouvait accueillir 3 320 personnes incluant les hommes d'équipage.

En cas de naufrage, on savait, dès le départ, que dans les meilleurs hypothèses, trente pour cent seulement des vies humaines pouvaient être sauvées. Mais précisons que le nombre de canots était conforme à la réglementation de l'époque.

L'ingénieur, concepteur du bateau, Thomas Andrews, et son adjoint l'ingénieur Alexandre Carliste, avaient conçu des bossoirs basculants, prévus pour supporter chacun trois canots de sauvetage. Ceux-ci ne pouvaient donc être manœuvrés que successivement, ce qui retardait considérablement la manœuvre d'abandon du navire. Le choix de ces bossoirs basculants avait été opéré dans un souci d'économie. On avait fait fi de la sécurité.

Mais il est vrai que le Titanic était considéré comme insubmersible !

Le drame du Titanic conduira toutefois à la mise en place d'une réglementation internationale en matière de sécurité maritime.

Au fil des années, cette réglementation sera particulièrement élaborée et stricte. Elle n'empêchera pas bien sûr, les drames en mer : des hommes continuent à transgresser les lois, mais elle en limite les conséquences. Et oblige à la prudence. Force est de constater, et les exemples sont nombreux, qu'il faut attendre les catastrophes spectaculaires pour mettre en place des lois de prévention. C'est toujours vrai aujourd'hui.

Les enquêtes du *Board of Trade* et du Tribunal des naufrages, ont mis en évidence que la traditionnelle réunion journalière des officiers autour du commandant de bord, au cours de laquelle, on fait « le point » sur la marche du navire, n'a pas eu lieu le dimanche 14 Avril. Personne n'a su pourquoi. Il y avait pourtant eu des alertes, des messages ! Et on peut raisonnablement penser que si cette réunion avait eu lieu, la présence et la menace des icebergs auraient été sûrement évoquées et auraient de ce fait, incité à une plus grande vigilance.

Mais si cette réunion de commandement n'a pas eu lieu, d'autres réunions se sont tenues à bord tout de même, ce jour-là. Deux réunions ! l'une sur les menus des dîners des premières classes, l'autre sur les procédures de l'arrivée triomphale à New York. La première réunion était normale comme celles qui se tiennent tous les jours dans l'hôtellerie et la restauration. Mais pour ce qui concerne les processus de l'arrivée à New York, même s'il s'agit d'une anticipation, on a le sentiment que l'on mettait la fin avant les moyens.

Il était certes judicieux d'organiser la consécration, mais cette obsession du triomphe a occulté l'essentiel du moment. Les icebergs d'abord, l'arrivée ensuite.

Nous étudierons dans les prochaines pages, les comportements dans les entreprises. Avec des variantes, on retrouve parfois des situations similaires.

Donner et se donner les moyens

En France, en matière de sécurité, nous nous situons dans le peloton de tête.

En restant dans la comparaison Titanic-Entreprise, l'histoire des jumelles doit entraîner une réflexion. Ce ne sont pas certes, les moyens qui manquent dans les entreprises, du moins dans la majorité de celles qui sont performantes.

Mais le plus souvent c'est l'utilisation de ces moyens qui doit faire l'objet d'une attention particulière. Il en est ainsi des possibilités des standards téléphoniques comme de tout ce qui concerne la bureautique. 30 % de leurs possibilités ne sont pas utilisés, soit par manque d'information ou de formation, soit parce que les moyens mis en place ne présentent aucun intérêt pour l'entreprise, soit par manque de temps.

Les objectifs commerciaux des sociétés informatiques ou bureautiques conduisent à une surconsommation qui génère un suréquipement.

Les petites et moyennes entreprises n'ont pas toujours la vue d'ensemble qui permettrait une progression rationnelle et par phase de certains équipements. Elles se retrouvent ainsi avec des moyens d'avant-garde, qui ne sont pas en adéquation avec ceux qu'elles possèdent.

Plus tard, il y aura une inversion. Ce qui était d'avant garde, sera devenu obsolète. On court en permanence derrière « l'harmonie fonctionnelle » sans toutefois la rattraper.

Les dirigeants doivent donc être vigilants : le syndrome des jumelles rôde peut-être dans leur entreprise. On en possède, mais on ne sait pas où elles sont. On en détient mais elles sont le privilège de certains qui les gardent jalousement.

Il faut donc donner à chacun les moyens nécessaires à l'exercice de ses fonctions. Donner les justes moyens.

Posséder le nombre de canots et savoir s'en servir

On vient de le voir sur le Titanic : manque de moyens, manque de canots. Mais il y a plus grave : la majorité des survivants qui ont embarqué à bord des canots, ont souligné l'incompétence des matelots à les faire fonctionner.

Le manque de compétence était d'autant plus redoutable que l'on se trouvait dans un état de survie, et dans un état d'urgence. Le tout avait été aggravé par la conception des bossoirs des canots de sauvetage qui avait rendu leur mise à l'eau particulièrement lente.

Dans l'entreprise, ce sont les crises et les urgences qui mettent en relief les dysfonctionnements. Les moyens nécessaires mis en place, doivent prendre en compte les situations d'urgences. Chacun à son poste doit très exactement connaître sa mission. Et pas seulement en cas d'incendie. Encore que, même si l'exercice traditionnel d'incendie est réalisé sérieusement, les personnes le vivent de manière un peu folklorique. Dans la réalité, lors d'un véritable feu, les différences de comportements sont significatives.

Nous l'avons écrit, les chefs d'entreprise ne font pas l'impasse sur la sécurité, sur la légalité de la sécurité. Mais certaines décisions drastiques en matière d'économies, et qui apparaissent normales, peuvent avoir des effets pervers à long terme ou en cas de crise. Ce genre de décisions prises dans l'urgence, doit être systématiquement étudiée dans ses répercussions, en envisageant toutes les hypothèses.

Les réunions : un outil managérial majeur

Trop de réunions, tuent les réunions.

Les entreprises sont en permanence confrontées à un dilemme quand elles analysent le tableau de bord de leurs réunions. A faire trop de réunions, on ne fait plus les bonnes, et surtout on risque de passer à côté de celle qui aurait permis d'éviter l'iceberg.

Une fois par an, révisez le tableau de bord des réunions comme l'on fait un inventaire des stocks et des mises au rebut, les responsables devraient imposer une fois, voire deux fois par an, une révision des réunions.

Etablissez les critères pour conserver ou éliminer les réunions programmées, en fonction des spécificités de votre entreprise. Pour les conserver, un critère important doit être le client. Les critères d'élimination peuvent être variés. Certaines réunions n'ont d'importance que parce qu'il est important d'y participer, et que cette participation est une forme de pouvoir.

On retrouve souvent dans les entreprises, un comité de direction. En quelque sorte un état-major. Il est sous des appellations diverses, toujours composé du directeur général, du directeur financier, du directeur marketing, de celui des ventes, des ressources humaines et de la production. Mais il faut compter avec les sensibilités et les susceptibilités. Ainsi des entreprises ont créé des comités restreints, puis des comités élargis, puis des comités très élargis.

En définitive tout le monde sait qu'il se passe, peu ou pas grand chose dans ces réunions, mais il est important de faire savoir que l'on y participe.

Eliminez donc tout ce qui fait du gras dans l'entreprise et qui n'est pas réellement productif.

Faites en sorte que les réunions que vous conserverez soient productives. Les réunions doivent avoir des objectifs clairement définis. Les initiateurs des réunions doivent avoir ce principe en tête et leur démarche doit tendre vers la réalisation de l'objectif.

> Une réunion doit être conduite, régulée et animée. La conduite d'une réunion, n'est pas forcément le privilège de la hiérarchie. Rien ne s'oppose à ce qu'un participant conduise la réunion. Il conviendra qu'il ait seulement une expertise sur le sujet débattu.

> Le rôle du conducteur est bien d'aider les participants à atteindre l'objectif. D'une manière générale, son rôle sera adapté à la texture de la réunion. Il peut être conducteur, informateur, régulateur, simplificateur.

> Les réunions ne doivent pas être des champs de bataille où se règlent les conflits, et s'instituent les conquêtes de territoires...

> Abandonnez définitivement toutes les tentatives de manipulation lors des réunions. Réunir ses collaborateurs pour leur faire prendre en groupe une décision qui est déjà prise est une absurdité. Le groupe, les participants, le savent. Ils jouent « le jeu » mais les responsables ne gagnent ni en compétence, ni en autorité.

> Un compte-rendu est un fruit frais et donc périssable. Méfiez-vous des comptes-rendus de réunion qui sortent 8 à 10 jours après, surtout lorsque le compte-rendu a été revu et corrigé.

Certains cadres se demandent parfois avec humour, en lisant le compte-rendu, s'il s'agit bien de la réunion à laquelle ils ont participé, ou si c'était une fiction !

> Faites en sorte d'émettre le compte-rendu de la réunion dans les heures qui suivent.

> Attirez l'attention sur le coût des réunions. On ne « budgétise » en général que les réunions qui nécessitent des déplacements, des frais d'hôtels et de restaurants, des coûts de location de salle. Etablissez le coût des réunions ayant lieu au siège en incluant les salaires, ainsi que des paramètres qui sont peu chiffrables : ces dossiers que l'on aura pas le temps de traiter, ces clients que l'on ne pourra voir ! En additionnant tous ces paramètres vous serez surpris par le coût du quart d'heure de retard.

> Imposez la rigueur horaire comme une marque de respect et une condition d'efficacité.

Le désintérêt pour les réunions vient en partie du fait qu'elles ne commencent pas à l'heure, et qu'elles traînent en longueur. Chacun s'accomode vite des habitudes, et fixe son heure d'arrivée... avec l'heure prévisible du début de la réunion. Perte de temps, désintérêt, démotivation deviennent alors le lot quotidien de ces réunions.

Sur le Titanic, vous le savez, on n'a pas fait la réunion qu'il convenait de faire, mais on a fait celles qui étaient accessoires, et pas forcément stratégiques. Les managers « aux commandes » doivent donc se poser la vraie question : « Est-ce que nous sommes sûrs de faire des réunions qui servent les intérêts de l'entreprise, et qui contribuent à son développement ? »

Former pour ne pas aller droit dans l'iceberg !

Il est toujours facile de dire, après coup, ce qu'il fallait faire ou ne pas faire ! C'est toujours vrai aujourd'hui, et ceux qui n'y étaient pas, ont forcément un avis ! C'est vrai, pour les drames et les catastrophes, comme pour un but raté.

Mais si l'on dissèque les négligences au moment de l'accident du Titanic, tout s'explique et devient... cohérent.

La formation sur le Titanic

> Dans la nuit du 14 au 15 Avril 1912, retenons qu'entre le moment où l'iceberg est apercu par les deux vigies et son signalement

à la passerelle, il s'est écoulé une dizaine de secondes.

L'officier de quart, Murdoch, est à la barre. Il doit réagir immédiatement. Il passe d'un état d'action à un état de réaction : sa marge de manœuvre est réduite. Il n'a qu'une information : « Iceberg, droit devant », mais il ne peut encore le voir. Il va donc presque simultanément donner deux ordres : « La barre à bâbord toute » et « Machines arrière toute ». Les ordres ne sont pas discutés et les hommes chargés de leur application s'éxécutent.

La première décision : « La barre à bâbord toute », si elle a eu toutefois des conséquences irréversibles, est une décision logique que tout officier aurait prise. Il n'en est pas de même pour la seconde. Stopper les machines et faire arrière toute, a été considéré comme une faute professionnelle.

Avec ses 46 000 tonnes, on savait le Titanic « mal manœuvrant » mais en inversant les machines, le Titanic a très largement piqué de l'avant. Les hélices et le gouvernail perdant de leur efficacité, ont rendu la manœuvre d'évitement plus lente. L'iceberg a quand même été évité de face, mais a provoqué une déchirure latérale sur tribord plus pernicieuse.

Les deux enquêtes officielles menées conjointement par les Etats-Unis et la Grande Bretagne, révèleront que le Titanic avant d'embarquer les passagers à Southampton, n'avait subi que des essais, durant huit heures en mer, devant le port « en faisant des ronds dans l'eau ».

La mise à l'eau des canots de sauvetage a été réalisée dans la confusion, et en l'absence de toute coordination et de rigueur.

Pour leur défense, officiers et marins survivants, ont accusé les passagers. Ceux des premières classes, ne mesurant pas l'imminence du drame, embarquaient avec réticence. Ceux des autres classes ne voulaient pas être séparés et étaient préoccupés par leurs bagages.

Ainsi le canot n° 1 est parti avec 12 personnes à bord, il pouvait comme tous les canots embarquer 65 passagers. Les canots 6, 7 et 2 ont été mis à la mer avec respectivement 28, 27 et 26 passagers.

De plus comme évoqué, les marins à bord des canots, ne connaissaient pas leur fonctionnement.

Les commissions d'enquête révèleront dans les faits, qu'un seul exercice de mise à l'eau des canots avait été réalisé dans le port de Southampton, pour seulement deux embarcations et sans présence humaine à bord. Dans ces conditions, cet exercice restreint dans les eaux calmes d'un port, ne reflétait pas la réalité d'une évacuation en haute mer.

Les témoignages des survivants, accrédités par les commissions d'enquête attesteront un fait encore plus incroyable : alors que l'inclinaison du Titanic vers l'avant, est évidente et la gîte sur tribord particulièrement grave, un officier a fait déplacer des passagers vers bâbord pour créer un contre-poids. Comme si le poids d'une centaine de passagers pouvait avoir une influence sur un bateau de 46 000 tonnes.

Cet officier s'appelait Wilde, il était le second à bord. Il avait pris, nous le savons, ses fonctions sur le Titanic sans conviction. Et apparemment en laissant toute notion de bon sens à terre.

Les faits que nous venons de relater à bord du Titanic, doivent conduire à une réflexion dans l'entreprise. Nous avons fait la différence entre la faute et l'erreur, mais leur origine est commune : le manque de compétences.

Manque de formation pour certains, manque de qualification pour d'autres.

L'homme est responsable de sa formation, il doit savoir faire des choix avec lucidité et courage. Dans le même temps, les managers ont la responsabilité de développer les aptitudes des hommes. Avec toutefois une réserve : on ne développe et on ne forme pas un homme contre sa volonté. Il faut l'amener progressivement à souhaiter une évolution qui passera par une démarche de formation. Il faut être prudent également.

Ouvrir ou proposer une évolution à un collaborateur, c'est à terme, pouvoir la lui offrir. Et entre la proposition et la réalisation, bien des événements peuvent survenir dans les entreprises.

L'entreprise sera-t-elle prête lorsque l'homme le sera ? Nul ne peut l'affirmer. Et des divergences pourront alors survenir. Soit le collaborateur quittera l'entreprise, soit il restera, mais sera totalement démotivé.

Les managers doivent prendre en compte quatre phases que franchit l'homme dans son évolution.

Phase 1	inconsciemment incompétent
Phase 2	consciemment incompétent
Phase 3	inconsciemment compétent
Phase 4	consciemment compétent

Tableau 4.2. Les quatre phases de l'évolution de l'homme.

Les quatre phases de l'apprentissage

Phase 1 : Inconsciemment incompétent

C'est une phase naturelle, on ne sait pas faire et on ne le sait pas. C'est le privilège de la jeunesse, mais il n'y a pas forcément d'âge limite. C'est le premier emploi, ce sont les premiers pas dans la vie, l'entrée dans le monde des adultes, le monde du travail.

Dans cette phase, managers ou *coach* ne doivent pas forcément commencer à former. Ils doivent opérer une prise de conscience sans qu'elle soit négative. « Je vous démontre que vous ne savez pas faire, ainsi vous l'admettez et vous en êtes conscient ».

Cette phase suppose une absence totale de sanction. On doit seulement limiter les risques, aux conséquences irréversibles.

Bien gérée, cette phase conduit à la phase 2.

Phase 2 : consciemment incompétent

L'homme découvre et sait qu'il ne sait pas faire. Mais *coach* ou manager ne l'ont pas blessé ou découragé. Ils ont d'évidence, créé le besoin et mis en confiance. Ils ont suscité l'intérêt. L'homme se met alors naturellement en processus d'apprentissage, parce qu'il en sent la nécessité et le besoin.

Cette phase accompagnée d'une démarche de management positif (voir chapitre 5) conduit à passer à la troisième phase.

Phase 3 : Insconsciemment compétent

L'homme sait faire, mais il ne le sait pas. Le processus de formation et d'acquisition l'a conduit au savoir-faire. La responsabilité du manager est de lui démontrer, de lui faire prendre conscience qu'il sait. L'opération est délicate. Il y a nécessairement une prise de risque.

Le collaborateur doit, sans filet, réaliser une mission, une action, seul pour qu'il valide que sa réussite n'est due qu'à lui-même. Il passe donc à la quatrième phase.

Phase 4 : Consciemment compétent

L'homme sait faire, et le sait. Il sait qu'il est parvenu au stade de la compétence, voire de l'expérience.

Attention ! entre la phase 1 et cette phase, il peut s'écouler des années, mais le manager devra raison garder. Les évolutions de toutes sortes, limitent notre compétence dans la durée. Cette phase est à reconstruire en permanence.

Sur le Titanic, les matelots chargés de la mise à l'eau des canots et de leur conduite sont restés vraisemblablement à la première phase : inconsciemment incompétents.

Wilde était sûrement au plan de la prise de décision et de l'estimation d'une situation à la deuxième phase : consciemment incompétent, mais comme il était officier, il a pris une initiative. Dans ce cas, il manquait de qualification.

Managers évaluez-vous !
Placez dans chacune de ces cases les noms de vos collaborateurs.

Interrogez vous honnêtement pour savoir ce que vous avez réellement fait, pour les faire passer de la phase 1 à la phase 4.

Apprendre à décider : quatre étapes pour agir à coup sûr

Le même dirigeant qui m'avait demandé de faire réfléchir ses cadres sur l'arrogance, m'a souvent affirmé, que seul l'exercice des responsabilités au quotidien, permettait d'apprendre, à prendre les bonnes décisions.

Il est vrai que les cas étudiés, en simulation, même si certains sont remarquablement conçus, ne permettent pas toujours de prendre en considération tous les paramètres afférents à la prise de décision. Il manque toujours un aspect psychologique, ou affectif. Il manque également l'évaluation de la pression du moment, ainsi que la notion d'urgence qui n'a pas la même raisonnance pour les uns ou pour les autres.Il y a aussi nos racines latines, notre enseignement. On apprend aux cadres à être dans l'action. A agir. A agir vite.

Tout, autour de nous, conforte cette idée. La publicité en est un vecteur.

En général, quand on a pris une décision dans l'action, et que cette décision se révèle mauvaise, on analyse les raisons de l'échec. Il serait bon de réaliser la même démarche, lorqu'on a pris une décision qui s'est avérée bonne. Elle nous ferait peut être découvrir que sans nous en rendre compte, nous avons eu une démarche rigoureuse. Nous constaterions que nous étions dans la troisième phase : inconsciemment compétent.

1. La démarche d'analyse

Il convient de prendre en compte tous les paramètres de la situation, ainsi que toutes les hypothèses. Cette analyse doit être objective. Tous les paramètres doivent être connus, et toutes les hypothèses envisagées. Aucune hypothèse ne doit être éludée au motif qu'elle dérange nos plans ou notre confort.

Si l'on fait une analyse parcellaire, l'hypothèse que l'on a refusé d'admettre est la première qui se présentera. La deuxième est celle que l'on aura oubliée.

L'analyse rélève d'un processus rigoureux. Elle fait appel à notre connaissance de tous les aspects de la situation, et à notre mémoire de tous les cas de figure que l'on a rencontrés. Lorsque l'analyse est terminée, on passe à la deuxième démarche.

2. La démarche de réflexion

Elle consiste à évoquer sa propre analyse, devant d'autres personnes repérées ou connues pour leur capacité de réflexion. S'enrichir de la réflexion des autres, permet presque à coup sûr de prendre conscience que tel aspect, avait été oublié et tel autre avait été surévalué ou sous estimé. Cette réflexion n'est pas en contradiction avec la solitude du pouvoir.

Tous les managers ont, à quelque niveau que se situent leurs responsabilités, la possibilité d'échanger leur vision d'un problème avec un autre collaborateur. Ce doit être vrai pour un président avec son directeur général, pour un directeur général avec un membre de son équipe. On comprend mieux que cette réflexion ait été particulièrement riche pour des hommes qui ont co-dirigé, à deux, une entreprise ou qui ont vécu sans hiérarchie une aventure sportive. La réflexion conduit à enrichir l'analyse. C'est seulement à la fin de la réflexion, que l'on doit passer à la troisième démarche.

3. La démarche de décision

Elle est prise en troisième position dans ce schéma. Si les deux premières démarches ont été traitées avec rigueur, on a toutes les chances d'avoir pris, sinon la bonne décision, du moins la décision qu'il convenait de prendre. On entre alors seulement dans la quatrième démarche.

4. La démarche d'action

L'heure est à l'action – à la mise en pratique de la décision prise. Il sera toujours possible de modifier, d'ajuster le mécanisme de l'action, mais s'il remet en cause la décision, c'est que l'analyse et la réflexion ont été survolées.

Dans la réalité de l'entreprise, on constate souvent que l'action a précédé la décision sans que l'analyse ait eu lieu. En langage courant, on parle « de la tête dans le guidon » et on évoque « que l'on va droit dans le mur ».

Si l'on compare ce schéma, à ce qu'a fait Murdoch, il faut bien sûr prendre en compte la notion d'urgence. Mais l'automobiliste, qui à très haute vitesse, aperçoit un obstacle et freine brutalement, est dans l'action sans avoir pris de décision et souvent sans analyse et sans réflexion. Il y avait urgence, c'est vrai, mais les conséquences peuvent être dramatiques.

Murdoch doit donc prendre une décision. La seule information qu'il possède, est que le Titanic a un iceberg en face de lui. Une analyse extrêmement rapide, sans réflexion – il est seul, et n'a pas confiance en Wilde, son patron – l'a fait entrer dans l'action, sans réelle prise de décision. Il a donné deux ordres « la barre à bâbord toute », « machines arrière toute ». Son action a été uniquement dictée par le fait qu'il fallait éviter l'iceberg.

Ce n'était malheureusement pas le bon choix. En effet, à l'avant du Titanic, les caissons étaient réellement étanches sur toute leur hauteur et leur largeur. Le Titanic était, grâce à cette partie là, partiellement insubmersible.

On admet aujourd'hui que si le Titanic avait heurté l'iceberg de face, il n'aurait pas coulé. Mais ça, Murdoch, ne le savait pas !

La prise de recul avant l'action

Nous venons de voir, action et urgence vont souvent de pair. L'enseignement ayant conduit beaucoup de cadres à considérer que la seule démarche était d'agir, ils y ont ajouté spontanément la notion d'urgence. Ce cocktail sulfureux conduit donc à prendre assez fréquemment la mauvaise solution ou à ne pas la trouver.

Le jeu des 9 points est connu. Lorsqu'on le propose dans un séminaire le tiers du groupe le connaît déjà, mais curieusement ce tiers ne se souvient pas toujours de la solution.

Figure 4.3. Le jeu des neuf points

Reliez ces neuf points par quatre lignes droites, brisées mais continues, sans repasser sur les mêmes lignes et sans lever le crayon. Vous pouvez couper une ligne.

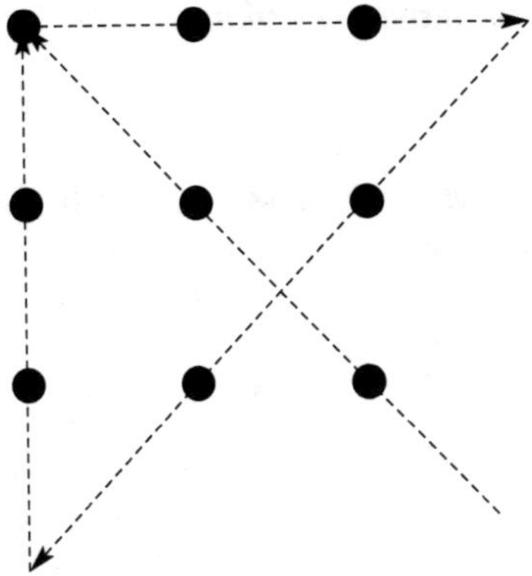

Figure 4.4. La solution du jeu des neuf points.

Lorsque la solution apparaît plusieurs leçons sont à tirer.

1 - Vingt siècles de tradition nous ont conduit à nous enfermer dans un cercle magique, à l'intérieur duquel nous cherchons une solution qui ne peut exister. Nous reproduisons le schéma de nos enseignements. Nous nous imposons des contraintes qui nous empêchent d'aboutir.

Dans cette configuration, on ne peut pas résoudre le problème.

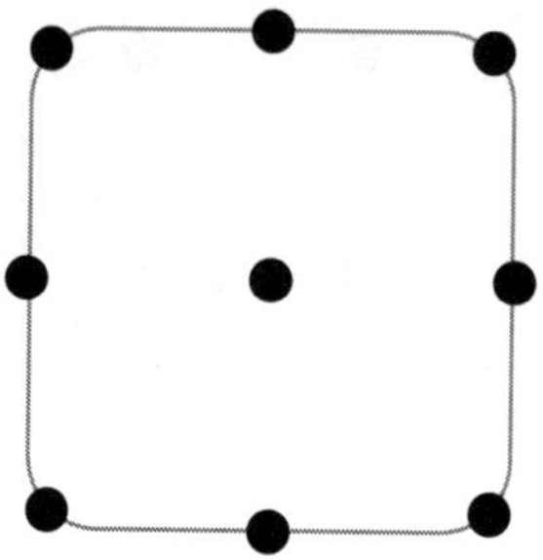

Figure 4.5. La configuration sans solution

2 - Les participants progressent en analysant eux-mêmes la manière dont ils ont abordé la résolution du problème. La prise de conscience est évidente. Tous les cas de figure se trouvent rassemblés. On tente d'aller directement à la solution, le dessin devient un brouillon à force de procéder par la méthode des essais et des erreurs. Ceux qui trouvent, ou se souviennent de la solution (sans le dire) cachent leur dessin au voisin. D'autres concluent au bout de cinq minutes que c'est impossible à faire. Enfin, certains y voient un piège.

Notons que lorsque le meneur de jeu dessine la solution, ceux qui n'ont pas réussi disent souvent : « Vous auriez dû nous dire que l'on pouvait aller au-delà des points ».

Retenons par cet exemple, la propension naturelle du plus grand nombre à rester dans le cadre, dans le cercle conventionnel. L'interdit, la prise de risque, la désobéissance sont vécus comme des peurs qui génèrent des blocages. Même si certains regrettent « qu'on ne leur ait pas tout dit », ils n'ont pas demandé d'explications complémentaires. La prise de recul, la distance par rapport à l'événement, la hauteur de vue, sont des facteurs importants, dans l'exercice de la fonction du dirigeant.

Les apprendre « à l'école » peut-être ! les apprendre « à l'expérience » sûrement !

C'est vrai que si l'on heurte un iceberg et si l'on s'en sort, on risque moins d'en heurter un second...

LIVRE DE BORD

- ❐ Examinez avec beaucoup d'attention la qualité et l'utilisation des moyens que vous donnez à vos collaborateurs.
- ❐ Considérez les réunions comme un outil majeur de management. Impliquez-vous dans leur réussite et dans leur efficacité.
- ❐ La formation de tous vos collaborateurs doit être l'une de vos préoccupations majeures.
- ❐ Avant de prendre une décision, faites une analyse et opérez une réflexion avec ceux qui vous entourent. Vous pourrez alors seulement entrer dans l'action.
- ❐ Ne vous enfermez pas dans des contraintes que vous vous imposez ! franchissez le cadre.

CHAPITRE V

L'homme de la situation

Tout général qui exécute un plan qu'il trouve mauvais est criminel ; il doit insister pour qu'il soit changé et donner s'il le faut sa démission plutôt que d'être l'instrument de la ruine des siens.

NAPOLÉON

La victoire seule noue. La défaite, non seulement divise l'homme d'avec les hommes,
mais elle le divise d'avec lui-même.

SAINT-EXUPÉRY

A propos du Capitaine Smith

REMONTONS LE TEMPS, bien avant le moment de monter à bord du Titanic.

Le Capitaine Smith, né en 1850, a obtenu son brevet de pilote dans la marine à voile à 25 ans. Il fera toute sa carrière à la *White Star*, où il commandera 17 navires. Son image est excellente, il est considéré comme le meilleur commandant de bord. Il n'a jamais eu d'accident, sauf un, une année avant celui du Titanic. A bord de l'Olympic, il n'a pu éviter près de l'île de Wight, un abordage avec un croiseur. Il n'y a eu que des conséquences matérielles, le navire a été réparé.

Il est lui-même surpris quand on lui dit qu'il est le meilleur. Humilité ou réalisme ? Il répond que son succès est dû aux navires qu'il a commandés, et aux hommes qui étaient à ses côtés « Je n'ai jamais eu à faire face à un danger vrai, ou à une situation dramatique. J'ai essuyé des coups de tabac, comme tous les marins, mais dans des situations classiques de haute mer ».

On cherche tout de même à expliquer cette image du meilleur.

« Si vous n'avez jamais eu à faire face à des situations dramatiques, c'est parce que vous les avez anticipées, et donc évitées ? ». Smith est catégorique ! « Je vous le répète c'est peut être de la chance, mais il ne s'est jamais présenté à moi une situation difficile où j'ai eu à faire preuve de ma compétence ».

Quand il disait cela, il parlait juste et vrai. En quarante ans d'exercice et de commandement, il n'avait connu aucun vrai problème. La chance, il en a eu certainement, parce qu'on sait que la mer est traître et imprévisible, mais sa bonne étoile l'a lâché tout à la fin.

Souvenons-nous de la nuit du drame, une nuit noire, sans vent, sans brume, et sans houle. Une mer anormalement calme. Lorsque la mer est normale, c'est-à-dire agitée, il se crée autour des icebergs une frange d'écume. C'est cette frange qui signale les icebergs à bonne distance, et permet aux vigies de les repérer. La malchance a voulu que Smith, de par le calme de la mer, ne bénéficie pas de cet avertissement.

Malchance ? certainement, mais on ne doit pas oublier que Smith avait été prévenu tout au long de la journée qu'il allait traverser une zone dangereuse, truffée d'icebergs, et parfaitement repérés.

Du fait de sa mort, Smith, n'a jamais pu témoigner de la nature des pressions qu'a exercées Bruce Ismay pour maintenir une vitesse élevée. Mais tout concourt à admettre que ces pressions ont existé.

A 62 ans, en fin de carrière, Smith n'avait plus rien à craindre et pourtant il a cédé aux injonctions de Bruce Ismay : ne pas ralentir pour arriver à l'heure. Il a non seulement exécuté pour plaire, ou ne pas déplaire, mais il a pris des risques, persuadé que le Titanic était insubmersible.

L'homme a donc fait toute sa carrière dans la même société, il n'a jamais eu à faire face à une situation dangereuse. Il n'a pas su désobéir, alors que sa carrière n'aurait pas été en danger. Smith était-il réellement le meilleur, avec quarante ans d'expérience ou avait-il seulement une ou deux années d'expérience renouvelées vingt ou quarante fois ?

Si Smith avait commandé des bateaux aux performances douteuses, si dans le milieu hostile de la mer, il s'était confronté à des difficultés graves, sans qu'elles soient irréversibles, il aurait accumulé dans sa mémoire ses réactions. Il en aurait tiré les enseignements. Il aurait chaque année, progressé en compétence par le cumul de l'expérience.

Averti de la présence d'icebergs, quelles que soient ses certitudes par rapport aux qualités présumées du Titanic, il aurait manœuvré différemment, à vitesse réduite, peut être même en stoppant la navigation de nuit. Il n'avait donc pas au moment de la journée qui a précédé la nuit tragique, l'expérience des icebergs. Il a payé cher cette expérience qui a été donc la première et la dernière par la mort de 1 500 personnes dont la sienne. Dans les pages suivantes, il s'agit de développer une série de réflexions pour les responsables et les dirigeants.

Armateurs ! Ne recrutez que des commandants de bord, pour qui rien n'a été facile, et qui ont été confrontés à de nombreux icebergs, petits et grands, qui les ont évités, pas seulement grâce à leur chance, mais surtout grâce à leur expérience, et à leur compétence, et grâce aussi aux hommes dont ils se sont entourés et au management qu'ils leur ont proposé.

Savoir recruter

Le processus de recrutement qui conduira au choix final d'un candidat ne s'improvise pas. Bien des dirigeants seront d'accord sur cette évidence, et pourtant chacun a commis ou commettra dans sa carrière, des erreurs de recrutement qui ont coûté cher à l'entreprise.

Les raisons en sont multiples et souvent simples. Le poste a été mal défini, la personnalité des postulants, survolée. Les entretiens de sélection ont été conduits par un seul responsable qui s'est laissé abuser par un curriculum vitae alléchant, où l'on n'a retenu que ce qui peut servir immédiatement à l'entreprise. On recrute au prix du marché, souvent au prix le plus bas, mais on veut l'exception. Un candidat brillant mais pas cher est suspect. Cette économie aura plus tard un prix.

Les dirigeants doivent opérer une réflexion profonde sur les mécanismes de recrutement. Et pas seulement sur des postes à haute responsabilité, mais sur tous les postes à haute sensibilité, ayant une résonance sur l'esprit et le climat de l'entreprise.

Ils ne doivent pas s'arrêter aux seuls résultats immédiats, marge ou rentabilité. Et ils seront particulièrement vigilants face à l'urgence. Ils doivent considérer les opérations de recrutement avec la même attention que le plan marketing, ou la stratégie à 5 ans. Recruter ne doit pas être le privilège d'un seul homme dans l'entreprise.

Savoir décrypter une candidature !

En vingt ans de conseil en recrutement et en bilan de carrière, nous avons expertisé à peu près 15 000 curriculum vitae. Nous n'en avons jamais rencontré un seul qui mette en évidence les aspects négatifs d'un candidat ou l'inadéquation avec le poste proposé.

En ce sens, la lettre de motivation qui accompagne un curriculum vitae, est un leurre. Que peut écrire un candidat, d'autre que « le poste proposé correspond à son profil de carrière... » « évidemment il se reconnaît au travers de l'annonce. »

Nous n'avons jamais lu une lettre de motivation, qui commence par « je ne me reconnais pas du tout dans le profil du poste... » et qui se termine par « je ne suis pas le candidat que vous recherchez ».

Humour, certes, mais la réalité est là ! Le curriculum vitae présente tous les aspects positifs du candidat parfois embellis. Les ventes ont toujours progressé de 200 %, les profits aussi. Pourtant ces hommes ont quitté la société. Pourquoi ? « Je n'étais pas d'accord avec la politique menée par la direction générale ». L'analyse montrera qu'il s'est agi d'un licenciement, accompagné d'une transaction camouflée.

Deux curriculum vitae sur trois comportent des noms de dirigeants ou responsables en référence. Leurre également. Un candidat normal va donner le nom de quelqu'un qui donnera des renseignements positifs. Personne ne donnera le nom d'un dirigeant, qui en toute objectivité, dirait du candidat « que lorsqu'il était dans son entreprise, il était considéré comme moyen ! ».

Profitant de l'accroissement du chômage, certains cabinets ou même des cadres au chômage ont créé des petites cellules pour apprendre aux candidats à rédiger un curriculum vitae, plus exactement pour l'orienter ou le cibler. Erreur et énorme supercherie. Je ne parle pas bien sûr des cabinets sérieux qui sont spécialisés en *outplacement* et mettent en place des processus adéquats pour aider les candidats à retrouver un poste, mais de ceux qui aident à trafiquer un curriculum vitae. Ils donnent aux candidats le conseil d'orienter leur cursus, en faisant apparaître, selon les cas, les compétences en marketing et plutôt qu'en vente... selon le profil recherché, selon l'annonce. En l'orientant plus « fonction personnel » qu'« administratif » toujours selon le poste à pouvoir.

Erreur et supercherie, car le candidat engagé sur un profil qu'il ne possède pas, montrera très vite son incompétence, et sera à la recherche d'un autre emploi... à la fin d'une période d'essai non renouvelée.

Ces mêmes « cabinets », conseillent aux candidats de ne pas mettre leur date de naissance, quand ils ont 50 ans et plus. Afin qu'on ne rejette pas leur curriculum vitae. D'abord il est faux de croire que ceux qui recrutent, écartent systématiquement les curriculum vitae des « + de 50 ans » et ensuite n'importe quel recruteur déterminera à partir de la date du premier poste, l'âge du candidat. Un homme qui a eu son premier poste en 1968, est forcément proche de la cinquantaine !

Les candidats à un poste doivent rédiger un vrai curriculum vitae, simple et clair, qui correspond réellement à la réalité de leur parcours professionnel.

Car plus que le curriculum vitae, ce sont les entretiens que les dirigeants ont avec les postulants qui leur permettront de prendre la juste décision, après la juste appréciation.

Conduire un entretien de recrutement ne s'improvise pas

Concentration et sérénité

Si l'on admet que l'entretien est capital, celui ci doit se dérouler, en dehors de toute agitation.

Vous ne comprendrez pas la démarche du candidat, son fonctionnement, si vous êtes interrompu durant l'entretien ou absorbé par d'autres problèmes.

Concentrez vous sur les propos du candidat qui est en face de vous !

Ecoute et dialogue

Votre rôle est de poser des questions et d'écouter. Sur un entretien d'une heure et demie, vous ne devriez parler que 15 minutes en posant des questions et pas en donnant votre avis. Plus tard quand vous serez dans le processus de sélection, vous pourrez longuement parler de votre société, du poste et de vous-même.

Des succès tout le monde en a eus !

Ce sont les difficultés ou les échecs, et la manière dont ils ont été vécus et gérés, qui sont intéressants. C'est une partie importante de l'entretien. Antoine Riboud affirme : « Je crois beaucoup à la nécessité d'avoir de temps en temps de sérieux échecs, ça fait rebondir et on va plus loin ».

Curieusement quand on pose aux candidats la question des échecs qu'ils ont eus, ils marquent un temps d'arrêt. Ils ne savent pas, ne se souviennent pas, et finissent par conclure qu'ils n'ont jamais rencontré de difficultés vraies.

Danger ! s'ils les rencontrent pour la première fois dans votre entreprise, à un poste à haute sensibilité, vous ne savez pas comment ils réagiront ! Eux non plus du reste.

Sans recruter systématiquement des hommes qui ont été cabossés par leur vie professionnelle, il faut s'intéresser à ceux qui ont été martelés. Ceux-là savent, et savent faire face. Ils ont retiré un enseignement après chaque coup de tabac.

A peu de choses près, les mêmes erreurs se reproduisent dans les entreprises, du moins, les mêmes schémas. Ceux qui ont vécu les difficultés et qui ont triomphé sont capables de faire face à de nouvelles difficultés.

Ce n'est pas un hasard si les pilotes les plus recherchés et les mieux payés au monde sont les pilotes de Tupolev. Ils ont fait décoller et atterrir pendant vingt ans, des avions incertains et mal entretenus. Quand on leur confie un avion performant, ils savent faire. Et cela, dans n'importe quelle circonstance. Ils n'ont pas fait pendant vingt ans la même chose. Ils ont accompli pendant vingt ans des missions différentes, avec à chaque fois des expériences différentes et des situations nouvelles. Eux ont réellement vingt ans d'expérience vraie.

Si la nomination du Capitaine Smith au commandement du Titanic, avait été conduite par les dirigeants de la *White Star*, selon les règles que nous venons d'évoquer, il n'est par certain que c'est à lui qu'ils l'auraient confié.

Faut-il faire confiance à quelqu'un qui a fait toute sa carrière dans la même société ?

Au début de ce siècle, par le biais des restructurations, des fusions et des absorptions, de nombreux cadres se trouvent au chômage. Moins de cinquante ans, vingt ans dans la même société.

Les curriculum vitae sont significatifs. Ces cadres ont passé vingt ans dans une société – certes à différents postes, mais toujours dans la même entreprise, dans le même groupe. Ils l'ont quittée. Ils ont retrouvé une fonction ailleurs avec une durée de chômage plus ou moins longue. Et dès lors, leur curriculum vitae affiche des durées relativement courtes dans ces sociétés : un an ici, 18 mois ailleurs.

Le diagnostic est simple.

Pendant vingt ans, ils ont vécu les mêmes ambiances, les mêmes traditions, les mêmes références. En quelque sorte la même routine Et ils n'ont pu, ou su s'adapter à de nouvelles situations, à des nouveaux comportements. Peut-être même se sont-ils installés dans une sorte de confort qui a entravé leur évolution ? Ils ne peuvent plus faire face aux exigences nouvelles que leur imposent les sociétés qu'ils découvrent.

Il faut du courage pour quitter une société dans laquelle on est bien pour se lancer dans une nouvelle aventure. Pourtant, c'est à notre avis, une des solutions qui favoriserait le développement des cadres, et leurs certitudes, d'être « dans le schéma » à soixante ans.

Etre ou ne pas être dans le schéma : cette expression est employée dans certains groupes lors des réorganisations ou des restructurations. Le cadre est appelé par un dirigeant et celui ci lui confirme qu'il n'est pas « dans le schéma de la nouvelle organisation ». Cette expression sibylline veut dire que dans les faits, il n'y a plus de place pour lui dans l'entreprise et qu'il convient qu'il se tourne vers l'extérieur.

Il convient donc au cours d'une carrière de savoir changer de fonction, de poste, d'orientation, changer à temps, et sans y être contraint.

Vivre le paradoxe du changement

Des hommes aptes au changement qui savent gérer celui des autres.

Il est assez rare de penser que l'on décide personnellement d'un changement. Cette décision est toujours la conséquence d'un faisceau d'autres situations. La décision de changer est souvent la seule solution qui permet de trancher. Ceci est vrai dans le milieu professionnel, mais aussi pour les événements de la vie privée.

Dans l'entreprise, un changement quel qu'il soit n'est dicté que par la logique propre de l'institution (productivité – restructuration), mais on doit savoir que si cette logique peut être rationnellement justifiée et admise, elle ne coïncide jamais exactement avec la logique de ceux qui doivent vivre et assumer le changement. L'attitude de ceux qui doivent vivre le changement n'est jamais déterminée par les mêmes motivations que celui qui l'ordonne.

L'homme a besoin d'un cadre de référence, et d'une forme de sécurité que lui procurera le milieu dans lequel il évolue, le système de communication qu'il entretient avec les autres, l'idée qu'il se fait de sa vie par rapport à celle des autres. S'ajoute également la notion du futur. Si l'on admet que la majorité des hommes préparent le futur en consolidant le présent, il est aisé de comprendre que tout changement imposé est vécu comme mettant en péril la réussite du futur.

Quand on ordonne un changement, on peut très facilement le rationaliser au nom de l'objectivité. Mais on se souviendra que l'objectivité, c'est toujours ou presque la vérité de celui qui l'exprime.

Au moment de décider d'un changement, ou de l'ordonner, il convient :

> d'avoir la perception exacte de tous les aspects de la situation que l'on va quitter ou que l'on va modifier ;

> de se faire dans le même sens une idée précise de la situation future qui sera imposée ;

> d'étudier les facultés que chacun possède pour rompre ses habitudes. Les nomades ne réagissent pas comme les sédentaires ;

> de veiller à ne pas surajouter un changement à un autre changement. Profiter d'une modification personnelle de vie, divorce, deuil, départ d'un enfant unique, pour changer de vie professionnelle est une erreur, car c'est à ces instants-là que les hommes ont besoin de leurs racines. On ne peut supporter et gérer plusieurs changements en même temps ;

> de ne pas manquer également de s'interroger sur la confiance qu'accorde celui qui doit changer, à celui qui ordonne un changement. S'il y a doute dans cette confiance, les risques d'échecs seront renforcés.

Un changement se prépare et s'accompagne. Il faut le décider plus que le subir.

Et il faut se souvenir au moment de la décision que l'on ne coupe pas les racines d'un arbre sans s'attendre à des conséquences pour cet arbre. Il en est de même pour l'homme.

Décider de changer relève donc d'une vraie stratégie, conforme à notre schéma : analyse, réflexion, décision, action. La démarche ainsi réfléchie a toute chance d'aboutir positivement. Et vouloir faire changer les autres, suppose de commencer la démarche soi-même.

Nommer des hommes qui pratiquent un management positif

Si nous analysons objectivement notre parcours scolaire, nous découvrons que nous sommes bons dans les matières ou nous avons eu des enseignants de valeur, et mauvais ou moyens dans les matières où les enseignants n'étaient pas de bons pédagogues.

Tous ces enseignants, quelle que soit leur catégorie, devaient toutefois être compétents quant à leur savoir, puisqu'ils avaient satisfaits aux examens.

Mais les uns savaient et les autres savaient transmettre. Non seulement ils savaient transmettre, mais il savaient développer les points positifs, valoriser les succès. C'est en applaudissant aux succès acquis que l'on donne confiance. C'est en mettant en exergue les échecs, que l'on accélère le processus de perte. Les perdants ne sont jamais que des hommes pour lesquels on a souligné et mis en évidence les échecs, sans jamais reconnaître les succès.

L'enfant qui présente à ses parents un carnet scolaire avec 19 en musique, 18 en gym et 4 en maths, sera souvent et malheureusement sanctionné : « la musique, ce n'est pas ça qui te donnera un métier, les maths, oui ! ».

Lors du carnet scolaire suivant, le même enfant aura toujours 4 en maths et 10 en gym et en musique. Le père cohérent dans « sa pédagogie », confirmera « toujours 4 en maths et tu n'es même plus bon en gym ! ».

Dans vingt ans, après une scolarité médiocre, on dira de lui, « qu'il n'avait pas la bosse des maths ». Faux, on lui a proposé un management qui l'a fait perdre. Un management qui lui a fait surtout perdre confiance en lui.

Faites l'inverse dans le même cas de figure. L'enfant a 19 en musique, 18 en gym et 4 en maths. Applaudissez la gym et la musique, c'est très bien ! et pas un mot sur les maths. Au carnet scolaire suivant, l'enfant aura 20 en gym et en musique et 6 en maths. Gagné ! il est en progrès.

S'il se sent gagnant, il entre dans la performance. On lui a proposé un management positif.

Le management positif consiste à mettre en valeur les succès, les conquêtes, les performances. On applaudit à tout ce qui est positif. Et on le fête. Curieusement, trop d'entreprises ont une certaine pudeur face à la fête ou la mettent dans un « carcan » : la fête pour Noël.

Nous observons que les entreprises qui réussissent sont celles qui savent faire la fête. La fête saine, celle où l'on rit, l'on chante, on partage la victoire en s'amusant.

Les hiérarchies s'évanouissent, ce sont des moments de bonheur où les hommes se rassemblent et les difficultés s'éloignent. La fête communique le plaisir du succès, et aide à gagner. Elle révèle les hommes dans ce qu'ils ont de plus vrai, le rire, et ce qu'ils ont de plus sain, l'amitié partagée.

Applaudir aux succès ne veut pas dire taire les échecs. Le manager devra avoir avec ses collaborateurs ce que l'on appelle le langage interne. Le langage de la vérité, ce sera un langage dur, sans concessions ! Les choses vraies doivent être dites et aucun homme ne souhaite au fond de lui même qu'on les passe sous silence. Dire vrai, mais sans faire perdre la face. Le management positif s'applique également à l'analyse de l'échec.

Chaque fois que les hommes auront correctement analysé les causes de leurs échecs, il faut également les applaudir, les valoriser en leur donnant confiance dans la justesse de leurs appréciations.

Management positif = valorisation des succès, valorisation dans la perspicacité à démonter le mécanisme des erreurs. Le management positif implique que les managers reconnaissent à leurs collaborateurs une grande finesse à percevoir les mécanismes de pensée de leurs dirigeants.

En fait, les managers doivent donner le crédit de l'intelligence et de la perspicacité à leurs collaborateurs. Les dirigeants pensent que, du fait qu'ils sont sous leurs ordres, leurs collaborateurs, n'ont pas les mêmes analyses. Ils les ont, à l'instinct ou à l'intuition, comme les enfants. J'ai compris cela il y a trente ans grâce à une femme qui était inspecteur général de l'Éducation Nationale. Je régulais un débat en présence de hauts fonctionnaires de l'Éducation Nationale. Une des conférences avait pour thème – L'école maternelle –. Cette inspectrice, femme de grand talent, d'une cinquantaine d'années, était sortie major de Normale Sup. Son professionnalisme était reconnu, et elle était écoutée dans un silence religieux. Elle indiquait qu'il fallait cesser d'affecter dans les écoles maternelles de jeunes instituteurs ou institutrices, pour mettre des instituteurs chevronnés, expérimentés ayant au moins quarante ans. « C'est à cet âge-là, où les enfants vont embarquer pour la vie, que seuls des maîtres confirmés peuvent leur transmettre les bases nécessaires ».

Elle poursuivait « Les enfants sont particulièrement intuitifs, instinctifs, et ils savent déjà à quatre ou cinq ans qui est celui qui les enseigne ». « Donnez leur le crédit d'avoir déjà une intelligence pour se faire une opinion ».

Pour illustrer ces propos, elle raconte l'histoire suivante : Sortant de Normale Sup. à 22 ans, elle a été affectée pour son premier poste dans une école maternelle, dans la montagne, près de Brive. Au bout d'une semaine de fonction, un après-midi, un orage éclata. Un véritable orage de montagne. Terrifiant. « Je n'étais pas habituée à la montagne et j'ai toujours eu peur de l'orage, mais consciente de mon rôle et toute imprégnée de pédagogie, je ne pouvais pas montrer ma peur aux enfants, ni la leur transmettre. J'ai donc organisé des jeux, j'ai fait chanter les enfants, danser sur un pied, sur l'autre. Eteindre et allumer les néons en fonction des éclairs. Bref, au bout d'une heure, j'étais folle de joie parce que j'avais réussi à camoufler mon angoisse ». Folle de joie, hélas, et seulement pendant quelques courts instants. Jusqu'au moment où un petit garçon a levé le doigt pour me dire : « Vous savez Mademoiselle, c'est pas grave d'avoir peur de l'orage, la demoiselle d'avant, elle aussi, elle avait peur ! ».

Sa conclusion était claire. Sur-valoriser la capacité des enfants à comprendre et à intégrer les mécanismes des adultes.

J'eus le plaisir de dîner en sa compagnie. Notre débat fut riche.

Elle m'interrogeait sur ce que l'on appelait les ressources humaines, nous étions au début des années 70, le concept était nouveau, sur les méthodes de direction comparées entre adultes et enfants. J'ai compris ce soir là, grâce à elle, que le mécanisme est le même pour les adultes. Si les cadres ont peur de l'orage, quelle que soit la méthode pour créer une diversion, les hommes qui sont sous leur responsabilité, la percevront.

LIVRE DE BORD

- ❒ N'exécutez que des ordres qui servent l'intérêt de l'entreprise. Pas les intérêts personnels.
- ❒ Conduisez les entretiens de recrutement avec rigueur.
- ❒ Un curriculum vitae doit être simple, clair et correspondre à la réalité du parcours professionnel.
- ❒ Avant d'envisager de recruter quelqu'un qui a fait toute sa carrière dans la même société, analysez les avantages et les risques.
- ❒ Avant de faire changer les autres, il faut changer soi-même.
- ❒ Mettez en valeur les succès, les conquêtes et les performances de vos équipes. Elles réduiront leurs échecs.
- ❒ Ne recrutez pas uniquement des profils idéaux, mais sachez faire fonctionner ensemble des hommes qui ne se ressemblent pas vraiment.

CHAPITRE VI

Les vertus cachées de l'erreur humaine

Peurs et espérances

Le Titanic, nous l'avons écrit, a signé le tournant d'une époque. Les changements signent d'autres mutations. Pèle-mêle, la fin des idées reçues, des idées toutes faites. Ils forcent à la révision de nos pensées et, par voie de conséquence, de nos actes.

Peur de l'inconnu, peur de ce qu'il y a derrière. Crainte aussi que ce que nous avons créé nous dépasse, et angoisse de ne plus pouvoir faire face. Mais quand la peur est à son paroxysme, elle fait place à l'espérance, à l'euphorie. On chasse l'effroi par l'inconscience. On entre alors dans le rêve. Rêve éveillé d'un monde où la justice et la paix régneraient. Où tout serait beau, authentique, vrai. Rêve qu'un coup de baguette encore plus magique, transformerait en réalité.

Tous les hommes ont rêvé d'un monde meilleur. Beaucoup y ont contribué – d'autres ont pris des chemins différents. Ensemble, ils forment une société « équilibrée », avec ses heurts et ses bonheurs, ses bons et ses méchants, ses altruistes et ses égoïstes, ses créateurs et ses destructeurs.

Mais nous ressentons fortement au début de ce siècle, l'aspiration au bonheur et à la vérité devient forte. Ceux qui sont aux commandes, évoluent dans leurs démarches, dans leurs actions, comme à la suite d'une indigestion. Ce n'est pas vrai de croire que la crise économique est seule responsable de nos nouveaux comportements. Elle n'a qu'un effet inducteur ou révélateur. Après un siècle de succès où les bouleversements historiques, politiques, sociologiques ont été profonds, les hommes ressentent le besoin de faire le point.

En ce sens, le succès du film Titanic n'est pas neutre et s'inscrit dans cette logique. Comment expliquer que des millions de spectateurs aient vu, et revu un film dont tout le monde connaît la fin. Un film qui, avec trois heures un quart de projection, est parmi les plus longs métrages produits.

En réalité, ce n'est pas seulement pour la qualité et la majesté de cette production. Je me suis glissé pendant des heures dans le flot des spectateurs qui venaient de voir le film.

Anonymement et avec impertinence, j'ai observé les réactions et écouté les remarques et les conversations des spectateurs. A peu de chose près, elles convergeaient vers les mêmes impressions : sentiment que le « Titanic, c'était un peu sa société ou le groupe dans lequel ils travaillaient »... L'homme de la rue, les vrais gens, sans toutefois pouvoir le démontrer, sentaient bien que ce drame était un peu celui des excès et proche surtout de celui que l'on vit aujourd'hui.

Tous les spectateurs étaient unanimes sur l'image la plus saisissante et la plus effroyable. Celle où cet officier courageux part à bord d'un canot pour tenter de sauver encore quelques pauvres vies. Le silence est alors pesant, troublé seulement par le léger clapotis de l'eau sous les rames qui tentent d'éviter de toucher les corps malheureux. Le silence était total dans la salle.

Entre un reportage de télévision, qui nous fait vivre un séisme causant des milliers de morts, et cette image de la mer avec ces corps flottants, il y a une différence : c'est la brutalité avec laquelle on découvre les conséquences de l'incompétence, de l'arrogance et du mépris. Et personne n'a pu s'empêcher de faire une comparaison avec la situation que le monde traverse.

Ces millions d'hommes et de femmes, qui sont au bord du chemin, qui ne l'ont pas souhaité, qui ont subi ce que les uns appellent « les circonstances de la vie » et les autres, « les conséquences d'un progrès mal géré... »

Les progrès, les avancées technologiques n'ont de valeur que s'ils respectent l'homme, dans la dignité de son emploi, et dans son épanouissement. Des millions de responsables anonymes le font en conscience tous les jours. Et bien !Ils savent que les organisations qui laminent les talents, ne sont pas de bonnes organisations.

Joël de Rosnay dans son ouvrage « L'homme symbiotique », pose la vraie question : « Sur quelles valeurs humanistes, les leaders du vingt et unième siècle fonderont – ils leurs actions ? » La question est belle, la réponse plus difficile. Mais s'interroger, conduira à la réflexion. Pour l'entreprise, pour l'homme. Réussir dans la vie, ou réussir sa vie ? Réussir sa vie et celle des autres. Il n'y a pas d'alternative.

Heinrich Heine raconte : « Je me trouvais avec un ami devant une cathédrale. Il m'a demandé comment il avait pu se faire que des hommes construisent de tels édifices ». Je lui ai répondu : « En ce temps-là, les hommes avaient des convictions. Nous, les modernes, nous avons des opinions et il faut quelque chose de plus qu'une opinion pour construire une cathédrale ! ».

Dans les pages suivantes, nous développerons quelques idées, des idées utopiques, certainement, des idées folles, peut-être, mais des idées qui feront que ceux qui n'avaient que des certitudes, se forgeront, au hasard d'une page, des convictions. Et les transmettront.

Idées simples et bon sens

Il faudra bien que, quelqu'un fasse la synthèse de tous les modèles de management qui ont été proposés au cours du vingtième siècle. La synthèse, mais aussi le bilan.

Avant d'en survoler les différentes étapes, il est intéressant de retracer une étude réalisée par des chercheurs, qui presque par jeu, ont ramené à l'échelle d'une année, l'évolution technologique de toute l'histoire de l'humanité.

Cela donne ce calendrier saisissant :

« Si le 1er janvier apparaît le premier outil de silex, il faudra attendre le 15 Octobre pour que l'homme découvre le feu, ouvrant ainsi la voie à des outils plus élaborés.

Avec la révolution néolithique, l'agriculture commence le 30 décembre à 17 h 00. C'est le 31 décembre à 23 h 30 que la machine à vapeur est mise au point.

L'énergie nucléaire est libérée à 23 h 54 minutes et 35 secondes, précédant l'électronique et l'informatique de quelques secondes.

Quant aux progrès les plus considérables, ils sont à venir dans les 5 prochaines minutes ! »

Nous sommes donc dans ces 5 prochaines minutes !

Redescendons sur terre et dans notre siècle.

> Taylor

C'est en 1911 que Taylor fait son apparition. Des millions de managers en ont fait leur bible, avant de la jeter aux orties. Le taylorisme a régné, pendant un quart de siècle, et ses théories ont été enseignées dans le monde entier. C'est la génération où l'automobile connaît son essor et son triomphe. Mais plus que l'automobile, c'est aussi le ferroviaire qui se développe, tandis que l'aéronautique pointe ses ailes à l'horizon. La crise économique de 1929 laissera un goût amer. Et les capitaines d'industries font face à des contestations de toutes parts. La production, chère à Taylor, est remise en cause. Les ouvriers ne trouvent plus leurs marques. Les états d'âmes fleurissent et 1936 est en vue !

> Mayo

Pendant que les Français partent en vélo, goûter aux joies des premiers congés payés, Elton Mayo, psychologue américain, met en évidence, par ses études menées à Chicago dans la Western Electric, « que si on s'intéresse aux travailleurs (!), à leur vie, ils retrouvent leur entrain et leur joie de vivre ».

> Les théoriciens du management

La fin de la deuxième guerre mondiale verra le triomphe du cabinet Mc Kinsey. Il prendra vite une audience internationale, les capitaines d'industrie devenus généraux doivent reconstruire le monde.

Dès lors, les théoriciens du management vont fleurir, sous différentes appellations et vont conseiller, ordonner, prêcher. Le modèle japonais sera même copié. Mais seulement copié, et mal, car les consultants avaient tout simplement oublié qu'un modèle ne vaut que par ses fondements et par sa culture !

Sans y prendre garde, les chefs d'entreprises se sont peu à peu imprégnés des modes, des process distillés par ce qu'ils appellent aujourd'hui « les gourous ». Souvent constitués en caste, ceux-ci ont délivré une pensée unique. « Voilà ce que nous pensons de... ». Une théorie managériale, était d'autant meilleure, qu'elle était compliquée, et incompréhensible. Elle était d'autant plus attractive qu'elle était traduite, et que son auteur était inconnu. Dans les « dîners en ville », les dirigeants, entre eux, s'échangeaient discrètement les adresses des gourous, comme celles des bons restaurants.

Christian Lemoine, du Créci, nous transmet avec humour et humilité, l'histoire du gourou et des quatre chasseurs de sangliers.

« Un gourou consultant passe dans une forêt devant 4 chasseurs qui viennent de tuer un sanglier et qui peinent à le tirer par les pattes pour le ramener près de leur voiture. »

Le gourou : « Vous peinez parce que vous n'appliquez pas un basique essentiel. En le tirant par les pattes arrières, les soies du sanglier s'enfoncent dans les aiguilles de pin. Cela a l'effet d'une herse qui bloque le sanglier ! ».

Evident – « Si vous tiriez le sanglier par les pattes avant, les soies glisseraient sur les aiguilles de pins, et votre tâche serait ainsi facilitée. »

Impressionnés par le ton et le « costume-cravate » du gourou, les chasseurs s'exécutent.

Dix minutes plus tard, un des chasseurs s'exclame : « c'est fabuleux ce basique, ça glisse tout seul, mais qu'est-ce qu'on s'éloigne de la voiture ! ».

Les hommes qui conseillent, doivent revenir au bon sens. Le conseil n'a de sens que s'il prend en compte toutes les valeurs de l'entreprise, et toutes les données du problème. Quand on donne le conseil de tirer le sanglier par les pattes avant, il faut aussi vérifier que le sanglier a été retourné et qu'il est bien dans la trajectoire de la voiture !

Les patrons et les responsables doivent reprendre confiance en eux. Pour la majorité d'entre eux, ils savent. Qu'ils mettent donc en pratique ce que leur cœur et leurs tripes corrigés par leur cerveau, leur dictent ! Et que dans le même temps, ils confient des missions à des hommes qui ne sont pas seulement des cerveaux. Et qui savent de quoi ils parlent.

Un de mes amis, « qui s'est fait tout seul » et qui a réussi, me disait de ces gourous « Ils font une conférence sur le champagne parce qu'ils ont des amis qui en ont vu boire ! ».

Nous ne nions pas, bien sûr, les idées, qui ont permis aux entreprises de réussir, de se redresser. Mais ces principes ne peuvent se contenter de modèles mathématiques mis en abscisse, ils doivent intégrer l'homme et sa dimension.

Que les dirigeants gèrent les intelligences qu'ils ont dans leur entreprise. Qu'ils sachent organiser et réguler le patrimoine « bon sens » de leurs équipes.

Hervé Serieyx lance de vrais cris d'alarme dans son livre « Colère à deux voix » .... La marche est engagée, les chefs d'entreprises, les dirigeants et les responsables doivent revenir aux idées simples et de bons sens.

Savoir prendre des décisions qui peuvent paraître injustes

Nous évoquions (chapitre III) que les hommes attendent de leur supérieur, justice et équité. Pourtant dans la carrière d'un dirigeant, celui-ci sera forcément conduit à prendre des décisions qui seront perçues comme injustes. Au nom de l'intérêt supérieur de l'entreprise.

Quand le Capitaine Smith, fait fermer les portes étanches pour retarder l'arrivée de l'eau, il condamne une cinquantaine de vies, pour tenter d'en sauver d'autres. Ceux qui sont derrière les portes étanches peuvent crier à l'injustice ! Pourquoi eux ?

Quand un dirigeant, décide de fermer une unité de production conduisant une centaine d'ouvriers au chômage, et des familles dans la détresse, ceux qui sont concernés crient à l'injustice. Pourquoi eux ?

Et pourtant, c'est cette décision qui permettra la survie des autres membres de l'entreprise. Les commentaires de la presse, les actions des syndicats, renforceront celui qui a pris la décision dans la solitude du pouvoir.

Terrible dilemme pour l'homme qui est assailli, et qui sait que cette décision injuste, était la juste décision à prendre. Et la seule. Dans ces moments-là, l'homme ne peut pas, au devant de la scène, avoir d'états d'âmes. Il a décidé, « en son âme et conscience ». Il doit agir et aller jusqu'au bout de la démarche, puisque la décision a été prise au nom de la raison.

Cela suppose qu'à la tête des entreprises, il y ait des hommes suffisamment compétents et visionnaires pour ne pas se tromper de décision. Et surtout de savoir la prendre.

> Le syndrome de la grenouille

Prenez une casserole et faites bouillir de l'eau. Jetez une grenouille vivante dans la casserole. Dans la majorité des cas, la grenouille par un effort de survie, donnera des coups de pattes, et sortira de la casserole un peu brûlée mais vivante.

Prenez la même casserole avec de l'eau tiède. Jetez une autre grenouille et posez la casserole discrètement sur le feu. Dans l'eau tiède à 20°, la grenouille est ravie, elle se retrouve dans son milieu naturel. A 25 ou 30°, elle se repose ... la plupart des étangs ont cette température en été. A 40°, la grenouille comprendra bien (!) que ce n'est plus supportable; et lorsqu'à 45°, elle prendra la décision de s'extraire, les coups de pattes qu'elle donnera seront sans efficacité. Elle a, en s'accoutumant, perdu toute tonicité, toute réactivité, toute force. Et elle mourra brûlée.

Combien sont-ils ceux qui sont aujourd'hui dans l'eau tiède ? Elle les satisfait pour l'instant, mais elle dégrade lentement et sûrement leur capacité à réagir, à affronter, à gagner !

Des experts économistes et avertis ont publié sur le déroulement et les effets des mesures prises en France par Balladur et Juppé concernant les primes offertes à ceux qui revendaient leurs véhicules et en achetaient un neuf. Primes appelées Balladurette ou Juppette.

Il est clair comme l'ont indiqué ces économistes que les ventes se sont écroulées au lendemain de la suppression de la prime. Pour la simple raison que les acheteurs, jusqu'au dernier jour, avaient fait le plein de leurs achats.

Mais peu d'experts ont évoqué une autre raison, qui me paraît évidente. Pendant ces années, les vendeurs d'automobiles, concernés par la prime, ont pratiqué une vente passive. Ils sont restés assis, sans déclencher les commandes, se contentant de les prendre et de les satisfaire.

Quand il s'est agit de se relever pour aller au combat, pour arracher les commandes, pour convaincre et séduire, certains vendeurs avaient perdu toute leur tonicité, toute leur réactivité.

Et avec cela, leur emploi.

Il faut donc que ceux qui dirigent, sachent remettre en cause en permanence, les systèmes et les organisations. Qu'ils aient le courage et le talent, de ne jamais laisser la satisfaction s'installer. Ne jamais se contenter du résultat acquis, de la victoire gagnée. C'est la prochaine victoire qui est intéressante.

« La source de l'échec c'est l'arrogance, et la source de l'arrogance, c'est le confort » selon la formule rapportée par un membre du directoire de Swatch.

C'est la prochaine victoire qui mobilise les forces. Toute la subtilité des responsables est dans « l'équilibre de l'équation : maintenir suffisamment la pression, pour ne pas laisser le confort s'installer, sans créer de situations totalement inconfortables ».

Difficile ! mais efficace.

Les hommes alors comprendront que rien n'est acquis, et qu'un système ne vaut que par sa performance et son évolution. C'est là une des formes de vrai respect des hommes. Les entraîner à découvrir leurs vraies dimensions. Ces hommes-là, progresseront. Ils progresseront pour la vie. A la fin de chaque année, ils feront le bilan de leurs acquisitions superposées. A cinquante ans, bien qu'ils n'en parleront pas, ils auront réellement vingt-cinq ou trente ans d'expérience, parce qu'ils auront trouvé sur leur chemin, des responsables, qui se seront comportés comme de vrais entraîneurs, sans concessions, qui auront toujours pensé à la victoire suivante, et qui auront su prendre une décision injuste et l'assumer pour faire gagner les hommes.

Former les jeunes et les engager : ils sont l'avenir

Nous avons en France les meilleures écoles du monde. Personne ne conteste que nos élites soient les mieux formées. Mais le tissu social et professionnel n'est pas uniquement constitué d'élites. Il est fait aussi d'hommes et de femmes qui exécutent, qui créent, qui réalisent.

Ceux-là ont, soit reçu une formation professionnelle durant leurs études, soit se sont formés dans l'entreprise. D'autres ont été mal orientés au départ.

Une bonne orientation comme une bonne formation, n'est jugée qu'au moment où le jeune, devenu adulte, s'insère dans le monde professionnel, c'est à dire trois à cinq ans après. Et un homme qui ne s'insère pas dans le monde du travail, n'a que peu de chance de se réaliser. RMI et primes diverses, ne sont que des substituts qui permettent de survivre. Et non de vivre.

Certes, de nombreuses réflexions sont en cours. Des programmes d'insertion sont lancés. Nous inventons ou réinventons, sous des noms différents, des méthodes et des modèles qui n'ont pas donné à leur terme les effets attendus. Il convient sûrement de réimplanter dans les esprits, les valeurs d'un métier. Et pas seulement d'un métier à partir de Bac + 5 !

L'évolution d'un enfant, était autrefois dictée ou conduite sur les fondements que représentent la famille, l'école et la religion. Force est de constater que ces bases sont fragilisées et certaines disloquées. Mais quoiqu'il arrive, l'enfant grandit et devra bien un jour gagner le monde des adultes.

Deux axes devraient être creusés : l'un concerne les parents, revaloriser le métier et non la course au diplôme, l'autre concerne les responsables, avoir le souci de développer les hommes.

« Un métier que l'on exerce, enrichit l'être entier par la présence d'un modèle d'action, de coordination et d'accomplissement vérifiables » a dit Paul Valéry.

Les systèmes d'éducation dispensés aux différentes générations durant ce siècle, n'ont plus grand chose à voir avec ce qui se fait aujourd'hui, mais les valeurs à transmettre sont identiques.

Après l'échec scolaire, il n'y a que l'entreprise qui peut rattraper un homme et le développer. Des milliers de responsables dans les entreprises le savent et le font. Il faut opérer encore une plus grande prise de conscience. Chacun doit se sentir responsable, et concerné. Et agir. Ce n'est pas une illusion que de penser que l'on peut mobiliser des millions de jeunes sur un projet réalisé par eux.

Les jeunes ont envie de travailler, et font souvent des prouesses d'imagination pour s'insérer. Pour s'en convaincre, il suffit de voir qu'à chaque fois que l'on fait appel au bénévolat pour de grandes opérations, ils sont des milliers à y répondre. Ce n'est pas uniquement pour s'occuper, c'est pour rester à jour, ne pas se couper des réalités du travail. Ils pratiquent en quelque sorte une « auto-insertion ».

Il faut que directions et managers s'entêtent, et s'obstinent à développer les aptitudes des jeunes. Nous devons faire la chasse aux prédateurs et développer la transmission du savoir, pour que les jeunes s'accomplissent.

Ce sont les jeunes qui assureront le futur. Quand on sait les mobiliser, ils sont capables de grandes choses. Que les entreprises s'entourent de plus en plus de jeunes et qu'elles les acceptent, même dans leurs excès.

« C'est la fièvre de la jeunesse qui maintient le reste du monde, à une température normale. Quand la fièvre de la jeunesse baisse, le reste du monde claque des dents » écrit Georges Bernanos.

J'affirme que c'est la responsabilité de tous et même ceux qui la fuient seront concernés.

Pensons à cette anecdote :

Trois voyageurs sont perdus dans la forêt équatoriale. Ils ont l'intuition que le bon chemin se trouve au Nord, mais l'accès est barré par une rivière. Ils repèrent un petit pont fait de branchages. Avant de le franchir, l'un d'eux dit aux autres « Assurons nous qu'il soit solide » et il balance une pierre. Le pont tient bon.

Un autre dit « Vérifions quand même la réelle solidité » et il balance une deuxième pierre.

A ce moment-là, un caïman, dérangé par les pierres, saute sur la berge. Les deux premiers grimpent dans un arbre, tandis que le troisième sifflote tranquillement. « Rejoins-nous, monte sur l'arbre, tu vas te faire dévorer ». Le troisième a cette réponse incroyable « Hé ! les gars, c'est pas moi qui ai jeté les pierres ».

Cette histoire amusante au premier degré, ne l'est pas à la réflexion.

Le problème de l'insertion des jeunes et de leur développement est le problème de tous. Et le caïman, déguisé autrement, aura raison de nous si nous persistons dans l'inaction, ou si nous passons notre temps à renvoyer les responsabilités sur les autres !

Permettre aux débutants d'intégrer l'entreprise offre une bouffée d'oxygène à tous ceux qui y travaillent. Les responsables qui savent s'entourer de ces jeunes ne vieillissent pas, ou moins vite.

Les excès de la jeunesse, nous forcent à nous poser d'autres questions, à remettre en cause nos vérités et notre style de management. Ils nous forcent à nous adapter et à changer. Interrogez ceux qui dans les entreprises accueillent des stagiaires en juillet et en août. Ils constatent toujours, une ambiance différente et meilleure.

Les jeunes apportent quelque chose d'atypique, ils bousculent les traditions de l'entreprise, à commencer par l'habillement. Le jean remplace le costume-cravate, et dans les bureaux on rit davantage, tout en travaillant autant.

Quand un cadre de quarante ans pontifie sur la pérennité de l'entreprise, il faut qu'il prenne conscience que c'est avec ceux, qui ont vingt ans aujourd'hui, qu'il l'assurera.

Plus un jeune entre tôt dans l'entreprise, plus il s'habituera au milieu, et plus il y évoluera favorablement.

Ce n'est pas un hasard si la majorité des jeunes qui ont sauvé leur vie à bord du Titanic étaient des Irlandais et des Britanniques. Ils avaient la connaissance de la mer. En revanche beaucoup de jeunes Slaves, se sont noyés. La mer n'était pas un élément naturel pour eux.

Nous faisons référence aux Compagnons du devoir. Ils constituent un des modèles en matière de formation et de transmission du savoir. Ils forment des hommes à un haut niveau de qualification. Et ils leurs donnent un métier pour la vie. Ce n'est pas un leurre.

Je cite Jean-Paul Hondusse : « Pour les Compagnons du Devoir, la formation n'a jamais été une fin en soi – se justifiant par elle et pour elle-même – mais bien plus un moyen de mettre à la disposition de l'homme un métier pour acquérir, compléter, perfectionner les connaissances dont il aura besoin tout au long de sa vie professionnelle ».

Leur démarche consiste à insérer le jeune, dès le premier jour, dans le milieu réel où s'exerce le métier. La formation fonde sa raison d'être dans l'exercice du métier près des hommes qui le pratiquent.

Les Compagnons du Devoir considèrent qu'apprendre un métier dure toute une vie. Ce sont les anciens qui transmettent aux jeunes. Mais les anciens apprennent aussi des jeunes.

On parle peu du chômage dans la mouvance des Compagnons du Devoir. Leur motivation est importante. Ils sont des spécialistes, tous corps de métier confondus, très recherchés.

Lorsque l'on donne à des anciens la possibilité de former des jeunes, de leur transmettre le savoir, ils continuent à avoir le goût de vivre, le goût de se surpasser. Le goût de rester jeune.

Les urbanistes, avec bonheur, militent pour que les logements de retraités soient construits auprès des écoles maternelles et des écoles primaires. Il semble que les « vieux » qui entendent les cris des jeunes dans la cour de « récré » vivent mieux.

Que peut devenir une société ou une entreprise, qui n'insérera des jeunes qu'à l'âge de 25 ans, après 5 ans de chômage, et qui se séparera de ses anciens vers 52 ans par le jeu de pré-retraites, ou d'arrangement ?

Les hommes existent aussi par leur travail. Et les jeunes ont besoin de leurs anciens pour recevoir le savoir.

Méditons cette pensée de Schoff : « Quand un homme enseigne à un autre homme la technique, il n'y a qu'un professeur et un élève. Quand ce même homme lui apprend son métier, il y a alors un maître et un disciple ».

Seuls ceux qui ont été disciples deviendront un jour maîtres !

CONCLUSION

Les avions décollent et atterrissent face au vent. Les bateaux naviguent mieux face au courant. Cela n'est pas un hasard, ni l'humeur du moment. Etre « face », c'est être en état d'actions, et le contraire, tout naturellement, c'est être en état de réaction, donc souvent en état d'incertitude sur le futur. Managers, vous êtes en face des réalités, des contraintes et du stress. Quelle chance !

Paul Emile VICTOR revisitait la grande barrière de corail en Australie. Il remarquait que d'un côté le corail était blanc, acéré, vif et beau, de l'autre, il était écorné, cassé, arrondi et presque gris. Il a alors demandé aux guides qui l'accompagnaient quelle était la maladie de ce corail, et pourquoi ils n'enrayaient pas sa dégradation en le traitant. Avec beaucoup de bon sens, les guides lui répondirent qu'en fait le corail n'était pas malade. Tout simplement, celui qui était beau, blanc et vif, se trouvait face à l'océan et devait affronter les assauts de l'océan et des marées, alors que celui qui était pâle et sans vie, n'avait aucun combat à mener. Il se trouvait dans une eau, certes renouvelée, mais n'avait à subir aucun affrontement.

L'affrontement, la confrontation, faire face sont notre quotidien, mais réussir suppose de respecter les règles et les appliquer. Agir en manager, c'est appliquer la règle des quatre C :

⇨ **Clarté** : mes actions sont claires et compréhensibles.

⇨ **Cohérence** : mes décisions et actions sont en harmonie avec le projet, la vision et les objectifs.

⇨ **Communication** : j'ai communiqué ce que je fais, ce qui doit être fait, à ceux à qui s'adressent mes décisions et qui doivent les partager. J'entraîne ainsi :

⇨ **La Confiance** nécessaire à l'application des décisions et à la mise en œuvre des actions.

Le commandant du Titanic, SMITH, a pris de la distance avec ces règles, et cela a entraîné les conséquences que l'on sait. Un naufrage où mille cinq cents hommes et femmes ont perdu la vie. Les mêmes erreurs générant les mêmes effets, la comparaison de votre système managérial vaut le jeu de le superposer avec le Titanic...

« On devient vieux quand le poids de l'expérience l'emporte sur celui de l'espérance » a dit André Siegfried. Mais nous serons tous gagnés par la vieillesse, et au-delà des vicissitudes de la vie, ce moment devrait être un grand moment de bonheur. Le moment de la sagesse, celui où l'homme a acquis l'ultime raison qui lui permet de faire la part des choses. A l'heure de cette sagesse, les dirigeants ne devront pas avoir l'obsession de transmettre des ultimes conseils pour que leur expérience serve aux jeunes. C'est inutile et ça ne sert à rien ! Les hommes qui nous succèderont n'acquerront cette expérience qu'en la payant. Pour certains à prix coûtants ou négociés. Pour d'autres au prix fort.

Entre la réussite dans la vie et la réussite de sa vie, il y a une marge considérable.

Dans le premier cas, on ne prend en compte que des éléments qui peuvent être extérieurs : l'argent, le pouvoir, les honneurs. C'est une réalité de la vie mais ce n'est pas la seule, ni même l'essentielle.

Dans le second cas, on s'interroge sur le sens de ce que l'on a fait et sur le sens de ce que l'on n'a pas pu ou su faire ! Cette interrogation est une des vérités auxquelles doivent faire face les responsables. Mais ce serait un effet réducteur que de ne prendre en compte qu'une des deux possibilités de cette alternative. On doit réussir sa vie en réussissant dans la vie !

La vie est l'œuvre accomplie. Nous ne pensons pas qu'aux capitaines d'industries qui ont bâti des empires, mais aussi à tous ceux qui ont fait quelque chose de durable et qui se prolonge dans le temps. Les maçons qui ont fait des maisons. Les hommes qui ont fait des ponts et des routes. Les photographes qui ont fait de belles photos de mariage. Les sages-femmes qui ont mis au monde des bébés. Et tous les responsables qui ont uni leurs qualités, leur courage, et leur intelligence au service du développement des hommes, en leur donnant un métier et un emploi pour la vie. Bref, à faire tout simplement leur travail.

Au-delà d'un « inventaire à la Prévert », notons quelques repères pour réussir une vie.

• ***Etre parvenu à gommer l'artificiel au profit du vrai, du beau et du simple.***

• ***Avoir conscience que ce que l'on a fait, était ce qu'il fallait faire.***

Avec ses moyens, ses hésitations, ses imperfections, mais avec courage et lucidité.

• ***Avoir dégagé l'essentiel de l'accessoire.***

Combien de décisions ou d'actes avons nous pris ou accomplis à un moment de notre vie, alors que quelques années plus tard ces actions se sont révélées futiles, et n'ont en rien changé le cours des choses !

• ***Avoir fait gagner les autres, en même temps que soi.***

Quel magnifique bonheur ont dû avoir ceux qui, en charge d'une équipe, l'ont conduite à la victoire. Que ce soit lors d'une expédition, du quotidien dans l'entreprise, de la récompense par des professionnels.

• ***Avoir révélé les talents.***

L'instit', le prof', le coach qui ont encouragé et qui ont vécu les peines, les angoisses et les succès de leurs élèves.

• ***Avoir créé la fête !***

Dans la société, dans la rue. Une fête vraie, à la mesure de ceux qui la vivent. Une fête pour eux. Avoir su faire la fête quand tout va mal. Pour préparer le terrain de la future victoire.

• ***Avoir fait rêver les hommes autour de soi.***

Leur avoir proposé des challenges impossibles au quotidien et les avoir fait réussir tout simplement.

• ***Avoir accepté la solitude.***

Dans l'épreuve, dans l'échec.

• ***Avoir admis que nos erreurs, sont nos erreurs, pas celles des autres.***

Que le monde ne peut être responsable de nos actions. Nous les avons voulues presque à tous les coups ! Il faut les assumer.

• ***Avoir reconnu qu'aucun responsable n'est indispensable.***

L'équipe qui s'écroule parce que le chef n'est plus là n'avait pas un bon chef.

• ***Avoir su être faible en faisant passer nos sentiments avant la raison. Avoir su être fort en faisant passer la raison avant nos sentiments.***

• ***Avoir compris qu'en chaque homme, veille un petit prince.***

Et avoir su le réveiller.

C'est tout cela, une vie réussie. Une alchimie dont on ne connaît les secrets et les effets qu'à la fin. Dans la dernière partie.

Souvenez-vous !

L'Arche de Noé a été construite par un amateur inspiré, et le Titanic par un professionnel averti. Vous connaissez la suite...

Mise en page par
Langlois Pao Fab
14410 Vassy

Achevé d'imprimer : Jouve – Paris
N° d'éditeur : 2676
N° d'imprimeur : 325363E
Dépôt légal : Avril 2003

Imprimé en France